Dankeswort

Ich möchte dieses Buch meinen ersten beiden Leonberger Hündinnen Laya † und Khabinne † widmen, weil ich mit diesen beiden Hunden fast alle Fehler gemacht habe, die ich auch hier im Buch beschrieben habe.
Ich habe durch diese Hunde unendlich viel gelernt.
Allen mitwirkenden Zwei- und Vierbeinern beim Foto-Shooting ein Dankeschön und dickes Kompliment.
Dank der Kynologos AG, die uns die „Wolfsburg" zur Verfügung stellte.
Ebenso ein großes Dankeschön all meinen Kunden und insbesondere ihren Hunden, von denen ich jeden Tag wieder aufs Neue viel dazu lernen kann.
Des Weiteren möchte ich mich auch bei allen bedanken, die mich unterstützt, mir geholfen, Anregungen gegeben, mich kritisiert und mich somit auf meinen Weg gebracht haben.
Die Bücher von Eberhard Trumler, die Servicehundetrainerausbildung durch Bonnie Bergin, die Diskussionen mit Erik Zimen und Fachkollegen wie z.B. Günter Bloch, Michael Grewe u.a. waren für meine berufliche Entwicklung unentbehrlich.

Ein spezielles Dankeswort an:

▸ **Christiane Welteroth**
meine Lebensgefährtin und große Liebe. Sie hat das ganze Manuskript von Holländisch-Deutsch umgesetzt auf Deutsch. Ich werde immer mit einem gutem Gefühl an diese gemeinsame Arbeit zurückdenken.

▸ **Angelique van Voorst**
für ihre Zeichnungen.

▸ **Ilona Leuchtenberg**
für das Durchlesen und kritisieren des Manuskriptes.

Jan Nijboer

Jan Nijboer war ursprünglich im sozial-pädagogischen Bereich im Umgang mit schwer erziehbaren Menschen tätig, bevor er sich immer stärker den Hunden widmete. Von 1980 bis 1990 züchtete er Leonberger und war Vorstandsmitglied im Kynologenverein in den Niederlanden, wo er für den Bereich Hundetraining und Ausbildung der Hundetrainer verantwortlich war.
Seit 1984 befasst sich Jan Nijboer professionell mit der Hundeerziehung. Er bildete für die Stiftungen Soho (Soziale Honden) und SAM (Servicehonden voor Auditiv en/of Motorisch gehandicapten) Servicehunde aus und war Ausbilder für Hundeerziehungsberater und Servicehundetrainer.
An der Uni Groningen, Niederlande, war er von 1992 bis 1996 Gastdozent für die Studienrichtung Tiermanagement.
Seit 1996 lebt Jan Nijboer in Deutschland und betreibt in Windeck das „Hundezentrum MundH" (Mensch und Hund), wo er sich professionell mit Hunderziehung, Ausbildung von Servicehundetrainern und Hundeerziehungsberatern befasst. Aus seiner langjährigen Erfahrung und Tätigkeit entwickelte er Natural Dogmanship®, das seit 1997 ein eingetragenes Warenzeichen ist.

Jan Nijboer

Hunde erziehen mit Natural Dogmanship®

KOSMOS

Nach der Philosophie von Natural Dogmanship® kann man jeden Hund erziehen. Und Sie sehen, wie viel Spaß das Mensch-Hund-Team dabei haben kann.

Natural Dogmanship®

Erste Begegnungen mit Natural Dogmanship®

Schon als Kind begann ich mit meinen Hunden das Schutzhundtraining im Hundeverein. Da ich aber einen Collie besaß, der in den Augen der Hardliner nicht bestand, war ich früh gezwungen, eigene Wege zu gehen. Meine Hunde waren dann auch hervorragende Lehrer. Das Thema Hundeverhalten hat mich seither fasziniert. Ich hatte das Privileg, von Trumler zu lernen und verschlang die erste Literatur der amerikanischen Verhaltensforscher. Die ersten Themenabende bei Jan Nijboer schienen mir grundsätzlich nichts Neues zu bieten, so lange es um das theoretische Wissen ging. Und natürlich war ich überzeugt, meinem kleinen Welpen ein souveräner Rudelführer zu sein.

Jan Nijboer

Eine Art Selbsterkenntnis...

Doch je öfter ich Jan zuhörte, desto deutlicher wurde mir, was mein kleiner süßer Whippetwelpe Nikki mit mir abzog. Kein Kabarett konnte mich so amüsieren wie die Themenabende bei Jan, der uns in seiner charmanten Weise den Spiegel vorhielt. All das, was ich über Hundeverhalten wusste, bekam praktischen Sinn im täglichen Leben. Ich freute mich, denn vieles deckte sich mit meinen Erfahrungen, die ich in meinen Büchern weitergegeben habe, aber durch Jan lernte ich noch eine Menge dazu. Ich hatte zwar Zusammenhänge erkannt, aber was mir fehlte war die praktische Umsetzung ins tägliche Leben mit dem Hund.

... und ein Kulturschock

Ich wusste natürlich, dass der Spaziergang für den Hund nichts anderes ist als die gemeinsame Jagd, aber ich hatte keine Ahnung, wie ich ihn für den Hund zum gemeinsamen Jagderlebnis machen konnte. Drei Tage Basisseminar Natural Dogmanship® waren für mich ein „Kulturschock", denn ich war zu sehr den üblichen Trainingsmethoden verfallen. Ich hatte schöne Erfolge mit dem Clickertraining und mein Hund lernte atemberaubend schnell mit Leckerli – aber zu erfahren, dass all das mit einer echten Führung nichts zu tun hat, kostete Kraft.

Für mich ein „Kulturschock" – und ein großes Glück

Wir verstehen uns

Der Erfolg von Natural Dogmanship® war, dass ich mich in den fast drei Jahren mit Nikki nicht ein einziges Mal über den Hund geärgert habe. Ich bin glücklich, wenn er mich versteht. Viel wichtiger aber: Ich erkenne, wenn er mich nicht versteht. Es liegt dann an mir, die Situation zu überdenken, auch Rat einzuholen und neu mit ihm zu beginnen. Ich genieße es, dass er mir vertraut und gehorcht, ich genieße es zu erleben, dass er immer dann die Führung übernimmt, wenn ich als sinnesarmer Mensch hoffnungslos versage und wie er sie an mich abtritt, wenn er sich überfordert fühlt. Wir müssen noch einen weiten Weg gehen, bis wir beide ein perfektes Team sind. Aber nun hat uns Jan sein Buch an die Hand gegeben, das uns beide zum Ziel führt.

Ein Glück für jeden Hundebesitzer

Für mich ist es das beste Hundebuch, das ich seit langem in der Hand halte. Hier frische ich alles auf, was über Hundeverhalten bekannt ist, hier erkenne ich mich in zahlreichen Fallstudien schmunzelnd wieder, hier lese ich, wie ich bestimmte Übungen für die Begleithundprüfung und andere Ausbildungsziele hundgerecht üben kann. Dieses Buch ist eine unendliche Fundgrube an Wissen und Erfahrungen, die der Autor in Jahrzehnten der praktischen Ausbildung von Behindertenbegleithunden erworben hat. Dies ist kein Erziehungsbuch im üblichen Sinn, sondern bringt uns das Tier näher, das wir an unserer Seite führen und von dem wir erwarten, dass es uns folgt. Es sagt uns vor allem, was wir dem Tier schuldig sind, das wir aus purem Egoismus in unsere für Hunde so unnatürliche Welt hineinzwingen. Und ich habe sehr viel über Menschen gelernt und gehe auch mit ihnen stressfreier um!

Ich wünsche allen Hunden, dass ihre Besitzer – ob unbedarft oder Hundekenner – das Buch lesen und sich zu Herzen nehmen. Der wahre Hundefreund wird seinen Hund mit verständnisvolleren Augen sehen und sich bemühen, ihm der Partner zu sein, den dieses großartige Geschöpf verdient.

Eva-Maria Krämer

Eva-Maria Krämer mit Nikki

Die
Rolle
des
Hundes
in der
Gesellschaft

Damals

Hunde waren schon seit jeher für den Menschen gute Gefährten. Anfangs hatten Hunde jedoch andere Aufgaben zu erfüllen und somit eine andere Rolle und Bedeutung in der menschlichen Gesellschaft als heute.

Jäger und Sammler

Damals war auch der Mensch, genauso wie heutzutage noch der Hund, Jäger und Sammler. Das erste Interesse des Hundes am Menschen bestand darin, Essensabfälle der Nomaden zu erbeuten. Dadurch verringerte sich die ursprüngliche Fluchtdistanz zwischen Hund und Mensch. Das Fressen der Abfälle hatte nicht nur für den Hund einen Vorteil, sondern auch für den Menschen: Das Risiko von Erkrankungen beim Menschen wurde durch diese „Hygienemaßnahmen" reduziert. Dies war der Anfang einer Symbiose zwischen Mensch und Hund.

Auch heute noch gibt es Hunde, die mit Ihrem Menschen zusammen jagen. Dieser Golden Retriever bringt die geschossene Beute zum Jäger.

Wächter

Der Hund gewöhnte sich immer mehr an den Menschen und somit an das Leben in der Nähe seines Lagers. Da Hund und Mensch mehr und mehr zu Sozialpartnern wurden, verringerte sich die Individualdistanz. Der Anfang der Domestikation deutete sich an. Weil der Hund nun permanent am Lager des Menschen lebte, reagierte er auch dort auf fremde Geräusche mit Warnlauten, als wäre er in seinem eigenen Jagdterritorium, das es zu bewachen galt. Das hatte für den Menschen einen weiteren Vorteil: Die Wachfunktion schützte ihn vor unerwarteten Überfällen konkurrierender Stämme, die zum Ziel hatten, Wintervorräte, Felle oder sogar die eigenen Frauen zu rauben bzw. zu entführen.

Die gemeinsame Jagd muss nicht auf echtes Wild stattfinden, es reicht ein Dummy oder besser noch ein Preydummy.

Jagdgehilfen

Der Mensch hatte noch einen weitgehend natürlichen Lebensstil, welcher hauptsächlich aus der Nahrungssuche, z.B. der Jagd, und der Verteidigung des Territoriums bestand. Weil Hunde eine ähnliche Zielsetzung haben, konnte man sich gegenseitig verstehen. Die gemeinsame Jagd begann. Da der Hund die Beute auf Grund seiner sehr viel höheren Sinnesleistungen viel besser aufspüren konnte, folgte der Mensch ihm bei seiner Jagd auf Großwild. Nachdem die Hunde die Beute gestellt hatten, übernahm der Mensch den meist gefährlicheren Teil der Jagd – das Töten der Beute unter Einsatz von Waffen. Die Hunde erhielten die Reste der Beute, um zu gewährleisten, dass sie in der Nähe des Menschen blieben. Durch die Zusammenarbeit zwischen Mensch und Hund war die Erfolgsquote bei der Jagd für beide höher und kostete auch weniger Energie. Dadurch konnte die Jagd auch mit einer größeren Frequenz wiederholt werden. Die Überlebenschancen für Mensch und Hund stiegen, für den Hund nicht zuletzt deshalb, weil für ihn die Risiken bei der Jagd geringer wurden, da der Mensch den gefährlichsten Teil – das Töten der Beute – übernahm. Hund und Mensch hatten gleiche Zielsetzungen und somit eine funktionierende Symbiose.

Weiterentwicklung

Durch die Entwicklung der Landwirtschaft und später durch die Industrialisierung entfernte sich der Mensch ständig weiter von der Natur. Jagen war nicht mehr notwendig, weil der Mensch seine Beutetiere domestiziert hatte. So wurde es lästig, wenn der Hund die Beutetiere auch weiterhin hetzte. Was für beide ehemals Normalverhalten war, hatte für den Menschen seine Funktion verloren. So wurde das natürliche Jagdverhalten der Hunde für den Menschen plötzlich zum Verhaltensproblem.

Gezielte Zucht

Der Mensch züchtete deshalb mit Hunden weiter, die durch Spezialisierung einzelner Instinktsequenzen geeignet waren, bestimmte Aufgaben wie z.B. das Bewachen, das Zusammenhalten oder das Treiben der Herde zu übernehmen. Außerdem wurde mit Tieren gezüchtet, die sowohl das Ungeziefer (Ratten, Mäuse) töteten als auch den Hof bewachten. Domestikation war hier noch funktionell und auf die Effektivität des Überlebens gerichtet. Hunde hatten dadurch noch immer die Möglichkeit – teils in, teils ohne Zusammenarbeit mit dem Menschen – ihre Instinktveranlagung zu befriedigen.

Selbständig arbeitende Hunde sind unter anderem Herdenschutzhunde und Solitärjäger. Herdenschutzhunde (wie z. B. Kuvasz, Pyrenäenberghund, Kangal, Owtscharka etc.) wurden ursprünglich gezüchtet, um die Herde eigenständig vor Eindringlingen und Beutegreifern zu schützen. Solitärjäger (wie z. B. Terrier, Pinscher, Schnauzer, Dackel, etc.) wurden ursprünglich gezüchtet, um selbständig Kleintiere (Ratten,

Nicht die Eigenständigkeit, sondern die Zusammen- arbeit sollte man bei einem Herdenschutzhund (hier ein Kangal) stimulieren.

Mäuse, andere Nagetiere) zu töten und den Hof zu bewachen. Diese Hunde zeigen einen Verlust des sozialen Rudelinstinkts, da für ihre Aufgaben keine Zusammenarbeit zwischen Hund und Mensch erforder- lich war. Man kann sich daher vorstellen, dass diese Hundetypen als Familienhunde weniger geeignet sind, da sie durch ihre Eigenständig- keit sozial schwieriger zu beeinflussen sind.

Heute

Kulturelle Entwicklungen während der Industrialisierung haben unseren Zeitbegriff verändert. Es haben sich die Begriffe Arbeitszeit und Freizeit geformt. Der Hund ist für den täglichen Überlebenskampf nicht mehr so wichtig, und unsere Beschäftigung mit ihm hat sich nach und nach zur Freizeitbeschäftigung entwickelt. So ist die Gewohnheit entstanden, mit dem Hund spazieren zu gehen. Nicht die praktische, sondern die emotionale Funktion des Hundes ist heutzutage wichtiger. Und damit kommen noch mehr Probleme auf den Hund zu. Der Mensch interpre- tiert ständig mehr menschliche Eigenschaften und Emotionen in den Hund hinein. Letztendlich muss der Hund fast schon als Ersatzmensch funktionieren. Der Hund wird durch uns vermenschlicht, anthropo- morphisiert (anthropos = Mensch; morphe = Form, Gestalt).

Arbeit und Freizeit?
Nicht nachvollziehbar ist es für den Hund, dass der Mensch seit der Indu- strialisierung auch im Alltag des Hundes einen Unterschied zwischen Arbeit und Freizeit macht. Beim Training hört man häufig : „Nee Bello, jetzt wird gearbeitet, gleich darfst du spielen.“ Auch die Funktion des Blindenführhundes sieht man als Arbeit an. Viele Menschen empfinden dies als Tierquälerei, speziell dann, wenn der Hund wenig Freilaufmög- lichkeiten hat. Früher war für den Hund seine Funktion und die Rolle innerhalb seines sozialen Umfeldes noch einigermaßen einsichtig. Heut- zutage kann er die für ihn viel zu abstrakten sozialen oder emotionalen Ziele, die der Mensch mit ihm verfolgt, nicht mehr nachvollziehen. Das auf sein Überleben hin orientierte Tier ist nur anhand von funktioneller Effizienz mit seiner Alltagsexistenz beschäftigt und kennt deshalb keinen Unterschied zwischen Arbeit und Freizeit. Der Hund ist vierund- zwanzig Stunden am Tag Hund!

Neue Funktionen für den Hund
Seine „neuen“ Funktionen wie Geschwister-, Kind-, oder Partnerersatz können zwar für den Menschen wichtig sein, aber sobald der Hund dabei anthropomorphisiert wird, zählen nur die menschlichen Interessen, und das Tier Hund bleibt auf der Strecke! Deshalb sollte man auch bei der Anschaffung immer überlegen: Warum will ich diesen Hund?

Geschwisterersatz

Die Individualisierung unserer heutigen Gesellschaft hat zu kleineren Familien, für sehr viele Menschen sogar zur Anonymität geführt. Kinder in kleinen Familien können durch die Anwesenheit eines Hundes lernen, Verantwortung für ein Lebewesen zu tragen. Auch das Sozialverhalten kann dadurch besser geübt werden. Respekt vor dem Lebewesen Hund bringt auch Respekt vor anderen Lebewesen mit sich! Der Hund wird zum Geschwisterersatz.

Der Hund wird Opfer seiner Rolle

Wenn aber der Hund als Spielgegenstand für die Kinder angeschafft wird, passiert genau das Gegenteil. Die Kinder sind - vielleicht aus Bequemlichkeit der Eltern - mit ihrem „Spielzeug Hund" auf sich allein gestellt. Sie werden ständig weniger Respekt vor dem Tier haben, und Fehlkommunikation wird nicht zu vermeiden sein. Auch können Kinder

Der Hund als Geschwisterersatz: Auch wenn das hier ganz harmonisch erscheinen mag, darf der Hund doch nicht zum Spielgegenstand des Kindes werden.

nicht die Verantwortung für die Erziehung des Hundes tragen. Auch die Erziehung von Geschwistern sollten schließlich nicht die Kinder übernehmen, sondern ihre Eltern.

Kindersatz

Junge Ehepaare üben anhand der Erziehung eines Hundes die Erziehung von möglichen zukünftigen Kindern. Hier werden elterliche (parentale) Rollen eingeübt. Durch die gemeinsame Erziehung übernimmt man die Verantwortung für ein abhängiges Lebewesen, in diesem Fall den Hund, als Kindersatz. Häufig werden Hunde nach optischen Gesichtspunkten ausgewählt, die ganz stark dem menschlichen „Kindchenschema" entsprechen.

Die Elternrolle üben
Wenn man das Tier tatsächlich artgerecht erziehen möchte, sieht man nicht nur die Bedürfnisse des Hundes als Teil seines ganzen Daseins, sondern sogar als Kapital seiner Erziehung. Erst dann ist eine Beziehung mit beidseitigem Respekt möglich. Das Experimentieren mit der Elternrolle wäre nur in diesem Falle erfolgreich für beide Seiten. Wenn aber der Hund nicht mehr als Hund, sondern als Kind gesehen und behandelt wird, bleiben Probleme in der Kommunikation und Rangordnung meistens nicht aus. Ein Kind erzieht man, damit es später selbständig wird. Der Hund soll aber immer abhängig bleiben.

Frustration löst Problemverhalten aus
Falls man in dieser Mensch-Hund-Beziehung nur die menschlichen Versorgungsinstinkte befriedigen möchte, bleiben die Bedürfnisse des Hundes unbefriedigt. Unbefriedigte Bedürfnisse führen nicht nur beim Menschen, sondern auch beim Hund zur Frustration. Durch die Frustration kann sich Problemverhalten beim Hund entwickeln. Sobald dann das erste Baby in die Familie kommt, hat das leider häufig zur Folge, dass der Hund abgegeben wird, da man mit der Situation überfordert ist. Der Hund wird dann zum Opfer seiner ehemaligen Rolle als Kindersatz.

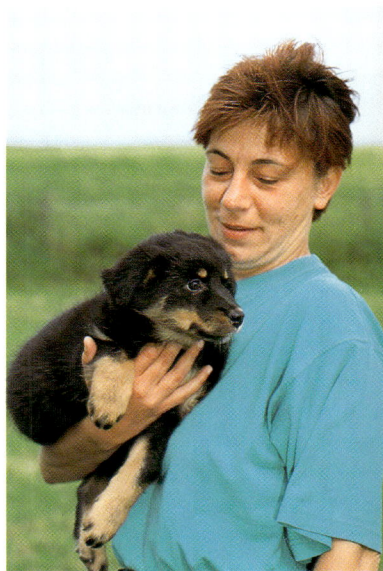

Der Hund als Kindersatz: Gerade Welpen wecken leicht mütterliche – und auch väterliche – Gefühle.

Partnerersatz

Einsamkeit legitimiert die Anschaffung eines Hundes als Sozialpartner und Lebensgefährten. In dieser Zweierkonstellation kann auch die Beziehung für den Hund sehr wertvoll sein. Häufig werden größere Teddybär-ähnliche Hunde in der Rolle als Partnerersatz bevorzugt. Da für den Hund nur eine Bezugsperson zuständig ist, kann die Erziehung des Hundes am konsequentesten und somit am einfachsten durchgeführt werden. Auch für den Hund ist ein „Zweier-Rudel" die unkomplizierteste Konstellation.

Hunde sind keine Demokraten

Strebt der Mensch jedoch innerhalb dieser Beziehung eine Demokratie an, so führt dies zur Anthropomorphisierung des Hundes. Hunde leben in ihrem Rudel nicht demokratisch, sondern hierarchisch zusammen. Eine klare Rangordnung innerhalb seines Rudels gibt dem Hund Sicherheit und Schutz. Durch fehlende hierarchische Strukturen – also eine feste Rangordnung – wird Stress beim Hund ausgelöst. Er kann hierdurch verängstigt werden, falls auch er selber die Qualitäten zur Führung nicht hat. Oder aber er übernimmt die Führung innerhalb seines Rudels und wird somit seinen demokratisch eingestellten Partner Mensch enttäuschen, da er als Hund nicht demokratisch sein kann.

Je nach Veranlagung des Hundes kann der Hund in der Alpha-Position, dem höchsten Status im Rudel, den Menschen korrigieren, falls er ihm nicht „gehorcht", er zeigt Dominanz-Aggression. Solche Rangordnungsstreitigkeiten führen häufig zur Trennung von Mensch und Hund.

Der Hund als Partnerersatz: Vor allem große teddyartige Hunde werden gerne als Partner und vor allem Beschützer gesehen.

Freizeitpartner oder Sportgerät?

Weil der Hund immer mehr in die menschliche Freizeitbeschäftigung hineingeraten ist, hat der Mensch auch das Phänomen „Hundesport" entwickelt. Zielgerichtete Beschäftigungsformen mit dem Hund sind innerhalb der Beziehung Mensch-Hund extrem wichtig. Bestimmte Formen von Hundesport können also durchaus einerseits für den Menschen eine gute Erholung und Freizeitbeschäftigung sein, andererseits auch für den Hund eine sinnvolle Zusammenarbeit mit seinem Sozialpartner Mensch bedeuten. Wichtig wäre aber auch hier wieder, in erster Linie dem Tier Hund gerecht zu werden. Doch...

Leistung steht im Vordergrund

Vielen Menschen ist es aber sogar häufig ungeheuer wichtig, einen Wettkampf mit ihrem Hund zu gewinnen. Das Letztere ist leider sehr oft das Hauptziel des Menschen, der Hund wird als Mittel zum Zweck benutzt. Man möchte das höchste Niveau innerhalb seines Sports erreichen. Wenn die Leistungen des Hundes den Anforderungen des Menschen nicht entsprechen und man sich deswegen selber nicht ausreichend profilieren kann, taugt der Hund nicht, und wieder entsteht ein Teufelskreis zwischen Mensch und Hund.

Es kommt durchaus vor, dass der Mensch den einen Hund gegen ein anderes Exemplar austauscht in der Hoffnung, mit diesem seine Ziele erreichen zu können. Dies ist ein Beweis dafür, wie ignorant manche Menschen die Bedürfnisse des Hundes übergehen. Der Hund wird aus seinem vertrauten Rudel, wo er sein Bestes gegeben hat, verstoßen.

Old English Mastiff Spaik geht über den Steg – nicht als Sport, sondern zur Schulung seiner motorischen Fähigkeiten.

Gebrauchsgegenstand

Hunde in bestimmten Funktionen – z.B. als Polizeihund, Drogensuchhund, Filmhund oder Hütehund – haben eine ganz bestimmte Aufgabe, die fast immer in Zusammenarbeit mit dem Menschen ausgeführt wird. Diese zielorientierte Zusammenarbeit ist – besonders auch für den Hund – Teil einer guten Beziehung zum Sozialpartner Mensch. Aufgaben wie gemeinsam einen Einbrecher stellen sprechen seine territorialen Instinkte an. Auch Drogensuchhunde oder Hütehunde gehen eigentlich mit dem Rudelgenossen Mensch auf gemeinsame Jagd.

Leistung aus Existenzangst

Noch immer ist es jedoch leider so, dass Diensthunde außerhalb ihrer „Einsatzzeiten" meistens in „Einzelhaft" gehalten werden. Von Zusammenarbeit kann auch nicht die Rede sein, wenn der „Hundeführer" seinen Diensthund in Situationen bringt, in denen der Hund nur das gewünschte Verhalten zeigt, weil er unter Existenzangst leidet bzw. aus reinem Selbstschutz reagiert (z.B. Einsatz in Fußball-Stadien – der Hund zeigt defensive Aggression). Er verteidigt nur sein eigenes Leben und nicht, wie häufig gedacht, das seines „Hundeführers". Der Hund spielt „Panik-Fußball".

Gegenstände sind austauschbar

Bei „Fehlfunktionen" des Hundes ist dann ein einfaches „Austauschen" möglich. Auch hier ist der Hund Opfer seiner Rolle. In dieser fatalen

Konstellation ist der Aspekt Beziehung zweitrangig, und der Hund wird degradiert zum Gebrauchsgegenstand. Respekt für das Tier und seine Bedürfnisse sind dann nicht gegeben. Der Hund ist nur noch reduziert auf Waffe, Stuntman oder Spürnase. In unserer heutigen Gesellschaft sollte es eigentlich nicht mehr passen, Hunde oder andere Tiere auf diese erniedrigende Weise zu missbrauchen. Man trägt hierdurch auch zu einem negativen Bild des Hundes bei.

Der ideale Hund kann alles?

Sie haben gelesen, dass Menschen heutzutage viel von ihren Hunden verlangen und sehr hohe Erwartungen an das Tier stellen. Der Hund soll unseren Wünschen in jeder Hinsicht entsprechen, doch wir nehmen dabei oft gar nicht wahr, wie sehr das den Bedürfnissen des Hundes widerspricht.

Wachhund und Kinderfreund
Er muss ein guter Wachhund sein, der nur dann bellt, wenn es erforderlich ist und außerdem den Briefträger nicht „zerfleischt". Wer auf das Grundstück kommen darf, muss er natürlich selbst gewissenhaft beurteilen können und auch ohne Wenn und Aber unsere Vorstellungen diesbezüglich übernehmen. (Wenn er Opa anbellt, kommt er ins Tierheim ...) Des Weiteren muss er natürlich kinderfreundlich sein, vor allem darf er Kinder nicht attackieren, die auf das Grundstück kommen. (Denn wenn das passieren würde, bekäme er die Todesstrafe und würde eingeschläfert, weil er offenbar verhaltensgestört ist.) Er muss Kindern gegenüber Verantwortungsgefühl haben, damit er auf eine nette Art mit diesen spielt und auf sie aufpasst. Gleichzeitig soll er noch auf die Kommandos der Kinder hören, damit auch diese mit dem Hund spazieren gehen können. Ohne Murren muss er ertragen können, dass er von Kindern an den Ohren oder an der Rute gezogen wird. Auch dürfen die Kinder ihn ohne weiteres auf seiner Liegestelle belästigen, da er doch vor allem „Spielgefährte" (oder Spielgegenstand?) für sie ist.

Begleiter und Beschützer

Der ideale Hund darf unterwegs keinen anderen Hund attackieren, sondern soll mit jedem Artgenossen auf nette Art toben. Wenn er aber attackiert wird, ist er ein Feigling, wenn er sich unterordnet oder sogar flüchtet, anstatt sich zu verteidigen. Außerdem darf er unterwegs Spaziergänger nicht belästigen, obwohl er sonst keine fremden Männer an Frauchen heranlassen darf. Dann muss er nämlich da sein, um seine Besitzerin zu verteidigen. Er muss mit uns spazieren gehen, sich dabei aber selbst beschäftigen können. Jetzt darf er buddeln - was im Garten nicht erlaubt ist -, schnuppern und rennen. Jagen aber darf er nicht, da er

in unserer direkten Nähe bleiben muss und auf das erste Kommando sofort zurückkommen sollte. Natürlich darf er auch nicht an der Leine ziehen, obwohl der Mensch ihm das selbst so beigebracht hat.

Selbständig und anhänglich
Er soll frei in der Nähe des Hauses herumlaufen können, ohne abzuhauen. Doch er muss immer wieder alleine zu Hause bleiben, obwohl er sonst den ganzen Tag seinen Menschen in der Wohnung überallhin folgen darf.

Gentleman und Tolpatsch
Zuhause darf er jeden „freundlich" begrüßend anspringen. Wenn aber die Oma zu Besuch kommt, muss er plötzlich eine Ausnahme machen und auf seiner Decke liegen bleiben. Er darf nicht betteln, obwohl er vom Tisch gefüttert wird. Er darf auf dem Schoß liegen, aber nur dann, wenn wir alte Klamotten tragen. Sogar mit ins Bett darf er, es als seine Liegestelle verteidigen darf er aber nicht. Er soll anhänglich , aber nicht aufdringlich sein. Mit seinem Spielzeug zum Spiel auffordern ist erlaubt, kläffen, um die Aufmerksamkeit abzuverlangen, dagegen nicht. Er wird in der Küche aus seinem Napf gefüttert, den riesigen Futternapf Mülleimer leer zu räumen oder zu verteidigen ist aber verboten.

Er darf den Menschen keine Gegenstände klauen, obwohl er sonst mit alten Schuhen, Socken oder Handtüchern spielen darf. Die Hühner des Nachbarn sind tabu, aber Katzen vom Grundstück scheuchen ist erlaubt. Er soll der beste Freund eines Pferdes sein und darf mit ihm auf der Wiese „spielen". Während das Pferd geritten wird, muss das Spiel aber unterbleiben, weil es sonst zu gefährlich wird.

Der Wunderhund
Er muss so mutig sein wie Rin-Tin-Tin, so sanft wie Lassie, so klug wie Rex und sich selbst aufopfern wie Boomer. Er muss ein Kinderfreund sein wie Bootsmann und den „will to please" (das Bedürfnis, anderen zu gefallen) vom Retriever haben. Eigentlich muss er besser sein als ein Heiliger, denn erst wenn er unsere eigenen „Fehler" und „Handicaps" nicht aufweist, ist er gut genug für den Menschen. Doch einen Wunderhund gibt es nicht.

**So sollte es sein: Der Hund
hat einen Beruf.**

Wie sieht der Mensch den Hund?

Lauftier Hund?

Die meisten Menschen denken, dass Hunde Lauftiere sind, und gehen deshalb mit ihnen spazieren. Hunde haben, so liest man es in fast jedem Hundebuch, ein großes „Bewegungsbedürfnis". Jedoch ist das eine grobe Vereinfachung (Simplifikation) dieses Tieres.

Vielleicht denken Sie jetzt an die ersten Momente eines Spaziergangs, wenn Ihr Hund losrast und wie verrückt herumrennt. Und Sie fragen sich: „Ist das denn kein Beweis für sein Bewegungsbedürfnis und seine Lebensfreude?"

Bewegung hat eine Bedeutung

Hier kommunizieren Hund und Mensch aber aneinander vorbei. Der Hund zeigt seine körperliche Überlegenheit und konfrontiert den Menschen mit seinen körperlichen Einschränkungen. Hunde haben ein grundlegendes Bedürfnis, sich zu beschäftigen, aber immer auf der Basis ihrer natürlichen Instinktveranlagungen. Beim Hund sind Bewegungen immer zweckmäßig und zielorientiert, das heißt, es gibt nie Bewegung nur um der Bewegung willen. Bewegung ist, so wissen wir, gut für die körperliche Gesundheit und Fitness. Es gibt aber keinen Hund, der sich fragt, wie es mit seiner körperlichen Fitness aussieht oder ob er zu dick ist und der deshalb joggen sollte. Dies ist ihm zu abstrakt.

Optimale Ausstattung

Ein Hund ist kein Sack mit Knochen, Sehnen und Muskeln, die man regelmäßig bewegen muss. Der Körperbau eines gesunden „Durchschnittshundes" ist noch immer genau wie beim Wolf dafür ausgelegt, effizient Beute greifen zu können. Die Pfoten und Krallen sorgen für Halt, Wirbelsäule, Bein- und Rückenmuskulatur bestimmen Schub und Weite eines Sprungs, die Rute hat Lenkfunktion, um den Bewegungen der Beute folgen zu können. Krallen und Pfoten werden auch eingesetzt, um die Beute festzuhalten, das Gebiss und die Kiefermuskulatur, um sie greifen, töten und zerkleinern zu können.

Gibt es also Bewegung um der Bewegung willen? Nein! Bewegung ist immer zielorientiert.

Der Köperbau eines Hundes ist für die erfolgreiche Jagd ausgelegt.

Gewohnheitstier Hund?

Die meisten Menschen denken, dass Hunde Gewohnheitstiere sind. Tatsächlich stimmt es, dass Hunde Verhaltensweisen wiederholen, wenn diese auf irgendeine Weise vorteilhaft sind. Ein Irrtum ist es aber zu denken, dass Hunde feste Strukturen in Form von erkennbaren, sich immer wiederholenden Tagesabläufen brauchen.

Langweilige Spaziergänge und der immer pünktlich gefüllte Futternapf gehören mit Natural Dogmanship® der Vergangenheit an. Bringen Sie Sinn in das Leben Ihres Hundes und gehen Sie – wie ab Seite 132 beschrieben – gemeinsam auf die Jagd.

Grauer Alltag

In der menschlichen Gesellschaft bestimmen Arbeit und Freizeit den Tagesablauf. Üblicherweise wird mit dem Hund vor Arbeitsbeginn „Gassi gegangen". Nach seinem „Frühstück" hat er zum Beispiel Freilauf im Garten oder hält sich im Hausflur auf und wartet auf das nächste Ereignis. Der Briefträger kommt – Bellen ist angesagt, bis der Briefträger erfolgreich verjagt worden ist. Wieder kehrt Ruhe ein, bis die Kinder aus der Schule nach Hause kommen. Nach „stürmischer Begrüßung" und einer Weile hinter den Kindern Herlaufen kehrt auch dann wieder Ruhe ein, bis die Familie zu Mittag isst und womöglich Krümel vom Tisch fallen. Danach wird der Hund nochmals kurz zum „Sich-Lösen" ausgeführt. Richtig spannend wird es erst wieder, wenn „Herrchen" nach Hause kommt. Nun kommt der große „Spaziergang" – üblicherweise immer auf der gleichen Route. Nach ein bis anderthalb Stunden kehrt man zurück. Warten ist angesagt, bis die Familie zu Abend isst. Dann bekommt der Hund sein Futter. Es kehrt wieder Ruhe ein, und der Tag klingt aus. Vor der Nachtruhe wird der Hund zum letzten Mal kurz in den Garten gelassen. Der nächste Tag folgt genauso wie der vorherige. Jeder Tag ist im Ablauf fast gleich. Und somit wird der Alltag zum grauen Alltag. Der Hund wird gelebt.

Das Essen ist serviert...

Das Leben genießen?

Der Mensch muss für sein Essen arbeiten und kann bestimmen, was und wo er isst. Der Erfolg bei seiner Arbeit ist bestimmend für sein Selbstwertgefühl. Der Mensch hat eine für ihn und seine Umwelt nachvollziehbare Aufgabe und Bedeutung. Somit sind wir als Menschen im Alltag jeden Tag aufs Neue mit unserer Existenz beschäftigt. Wäre nicht auch unser Leben langweilig, wenn wir nichts zu tun bräuchten, um existieren zu können, und uns alles im Leben geschenkt würde?!

Ein Hund erfährt oft von Geburt an, dass es in der Mensch-Hund-Beziehung für ihn kaum Aufgaben gibt und sogar seine Lebensziele ganz andere sind als die Zielsetzungen, die der Mensch mit ihm und für ihn hat. Er braucht nur lieb zu sein und darf sein Leben „genießen". Zitat vieler Hundehalter: „Ich verlange nicht viel von meinem Hund, er darf alle Freiheiten genießen und richtig Hund sein. Das Einzige, was ich möchte, ist, dass er gehorcht, wenn ich ihn zu mir rufe."

Rangordnung, Aufgaben und Zielsetzung

Im Hunderudel jedoch hat jeder Hund eine Aufgabe und Funktion zu erfüllen. Dort erfährt er, dass er eine wichtige Rolle für das gesamte Rudel hat. Dies führt zur sozialen Anerkennung und zur Steigerung des Selbstwertgefühls – auch das haben Hunde. Nicht der stark strukturierte Tagesablauf ist wichtig für den Hund. Sehr viel wichtiger ist es, dass innerhalb der Sozialstruktur des „Familienrudels" Klarheit existiert über stabile Rangordnungspositionen, Aufgaben und gleiche Zielsetzungen. Der Hund muss erfahren, dass er im gemeinsamen Leben mit dem Menschen eine Aufgabe erfüllen muss, um erfolgreich existieren zu können. Im Hunderudel bekommt man nichts geschenkt und nichts ist selbstverständlich. Wenn im „hündischen Alltag" nicht alles komplett vorhersagbar ist, führt der Hund ein spannenderes Leben, was viel mehr seiner natürlichen Existenz im Rudel entspricht. Auch sein Urvater Wolf bekam nicht exakt um 18.00 Uhr sein Essen im Napf serviert!

Doch wie fühlt sich der Hund, wenn er jeden Tag zur selben Zeit an der selben Stelle sein Futter serviert bekommt und den Rest des Tages mit Warten verbringen muss?

Schnupperbedürfnis?

Viele Menschen glauben, dass Hunde ein Schnupperbedürfnis als solches haben und dabei eine Art Zeitung lesen, so wie wir es morgens beim Frühstück tun. Natürlich werden beim Schnuppern verschiedenste Informationen wahrgenommen wie z.B. Markierstellen anderer Artgenossen, mögliche Läufigkeit von Hündinnen, Fährten von potentiellen Beutetieren, Gerüche von Essensabfällen. Doch welche Bedeutung haben diese Informationen für den Hund?

Welchen Sinn macht es für uns Menschen, die Zeitung zu lesen? Haben wir etwa ein grundlegendes Bedürfnis, Zeitungen zu lesen? Oder möchten wir nicht viel mehr für uns nützliche Informationen sammeln, um diese effektiv zu unserem Vorteil in Alltag und Beruf nutzen zu können?

Ein Spaziergang-Beispiel *Ihr Hund wird abgeleint und läuft erst mal los, um sein „Bewegungsbedürfnis" zu befriedigen. Dann stoppt und schnuppert er, läuft schnuppernderweise weiter, stoppt wieder, markiert mit Urin, scharrt womöglich mit seinen Hinterläufen, läuft schnuppernd weiter, stoppt, markiert mit Kot, scharrt womöglich wieder mit seinen Hinterläufen, läuft schnuppernd weiter. Dann trifft er auf einen Artgenossen. Er schnuppert zuerst am Anal- und womöglich auch am Genitalbereich. Anschließend markiert er sofort wieder. Nun schnuppert er und geht im Zickzack in den Wald hinein. Jetzt rufen Sie Ihren Hund zurück. Er zögert, markiert, schaut Sie dabei womöglich auch an und dann, nachdem Sie weitere dreimal gerufen haben, kommt er langsam zurück.*

Es ist eine Frage der Rangordnung, wer die Jagd beginnt. Im Mensch-Hund-Rudel sollten Sie der Ranghöchste sein, der das Zeichen zum Beginn der Jagd gibt.

Gibt es Schnuppern nur um des Schnupperns willen?

Der Hund erhält beim Schnuppern Informationen, die für ihn mehr oder weniger wichtige Bedeutung haben. Informationen werden selektiert und bewertet, so dass der Hund je nach Bedeutung entsprechend darauf reagieren kann. Der Geruch einer läufigen Hündin muss z.B. so schnell wie möglich geortet werden, damit man der erste Rüde vor Ort sein kann. Der Geruch von Territorialkonkurrenten zeigt dem Hund, dass sein Jagdrevier gefährdet ist. Er muss übermarkieren, um das Revier wieder in Besitz zu nehmen. Der Geruch von Wild bedeutet für den Hund potentielle Beute, er wird versuchen, die Beute aufzustöbern, zu jagen und womöglich zu erlegen (siehe S. 53).

Es gibt kein Schnuppern um des Schnupperns Willen, es hat immer ein Funktion. Bei der Genitalkontrolle erfährt der Rüde wissenswertes über den Zustand der Hündin. Schnuppern im Revier hat den Sinn, sich über die aktuellen Geschehnisse dort „auf dem Laufenden" zu halten.

Schmusebär?

Berührung hat immer eine Kommunikative Bedeutung.

Was wird man meist denken, wenn abends vor dem Fernseher unser Hund seinen Kopf auf unseren Schoß legt und uns mit seinen treuen Augen anguckt? „Er liebt mich und möchte gestreichelt werden." Der Beweis folgt sofort, wenn man mit Streicheln aufhört: Der Hund legt seine Pfote auf den Schoß oder stupst auffordernd mit der Nase. Er ist ein richtiger Schmusebär und verlangt seine Streicheleinheiten. Also meint man, dass es sein ganz natürliches Bedürfnis ist, gestreichelt zu werden. Aber haben Sie schon mal einen Hund gesehen, der einen anderen Hund streichelt? Nee? Ich auch nicht!

Ein Beispiel aus meiner Tätigkeit *als Hundeerzieher und Verhaltensberater: Ein Ehepaar rief mich an und bat um meine Hilfe, da der
Ehemann vom eigenen Hund ins Gesicht gebissen worden war. Das
Ehepaar schilderte mir folgenden Sachverhalt: Der Ehemann hatte
abends ferngesehen. Sein Hund kam und legte ihm den Kopf auf den
Schoß. Der Mann streichelte so wie immer seinen Hund und hörte
damit auf, da seine Frau ihn etwas gefragt hatte. Der Hund stupste
nun den Mann mit der Nase an, der Mann reagierte aber nicht darauf.
Der Hund fing an zu knurren, was den Mann jedoch auch nicht zu
weiterem Streicheln animierte. Nun biss der Hund zu. Zuvor hatte der
Hund seinen Besitzer noch nie gebissen.*

Die Körperhaltung des
rechten Hundes zeigt,
welche Bedeutung
das Kopfauflegen für ihn
hat: Er zeigt soziale
Hemmung.

Jetzt sagen Sie vielleicht: „Das würde mein Hund niemals tun! Der
geschilderte Hund ist einfach nur verhaltensgestört." Trotzdem ist das
kein einmaliges Beispiel aus meiner Praxis als Hundeerzieher und Verhaltensberater. Es gibt viele Hunde, die das oben genannte Verhalten
auf ähnliche Weise andeuten, aber glücklicherweise letztendlich nicht
zubeißen. Es zeigt aber, dass Streicheln bei Hunden eine ganz bestimmte Bedeutung in der Kommunikation haben muss.
    Der Hund aus dem Beispiel forderte als Ranghöherer den Rangniedri-
gen zum Körperkontakt auf. Als dieser nicht „gehorchte", wurde er dafür
gemaßregelt. Sein Verhalten war also kein Fall von Streichelbedürfnis,
sondern von Dominanz.

Was bedeutet Berührung?

Körperliche Nähe hat bei uns Menschen eine besondere Bedeutung.
Die Berührungen unter Ehepartnern, Eltern und Kindern haben sogar
ganz unterschiedliche Bedeutungen. Jede Form von Körperkontakt ist
auch eine Mitteilung für den Anderen. Welche Botschaft werden wir
wohl unserem Hund vermitteln, wenn wir ausgiebig mit ihm schmusen
oder ihn streicheln?
    Stellen Sie sich einmal vor, Sie gehen in der Fußgängerzone spazieren
und ein Wildfremder kommt auf Sie zu, schaut Ihnen in die Augen,
streichelt Ihnen über den Kopf, klopft Ihnen auf die Brust und krabbelt
an Ihrem Po. Wie würden Sie sich fühlen und darauf reagieren?
(Vielleicht denken Sie jetzt : Kommt darauf an, wer es ist.) Das allerdings
erleben sehr viele Hunde beinahe täglich!

Ist dieser Hund
nun anhänglich oder
aufdringlich?

Ein amüsantes Beispiel *Eine bei mir in Ausbildung befindliche
Hundeerzieherin, die mit ihrem Welpen in der Fußgängerzone war,
schilderte mir Folgendes: Sie übte mit ihrem Hund das Liegenbleiben
vor einem Einkaufsgeschäft, wobei der Hund lernen sollte, sich nicht
ablenken zu lassen. Da kam ein Mann auf ihren Hund zu und streichelte ihn, ohne um Erlaubnis gefragt zu haben. Daraufhin streichelte*

die sehr humorvolle Trainerin dem Mann auf gleiche Weise über den Kopf. Verdutzt und erschrocken schaute der Mann sie fragend an und rief: „Sind Sie wahnsinnig geworden?" Sie erklärte ihm, dass sie doch nur – genau wie er – ihr Streichelbedürfnis befriedigen wolle. Nach kurzer Denkpause musste der – zum Glück ebenfalls humorvolle – Mann lachen und entschuldigte sich bei der Hundeerzieherin für sein aufdringliches Verhalten ihrem Hund gegenüber.

Das Kindchenschema

Das Verhalten dieses Mannes lässt sich jedoch erklären. Welcher Mensch würde nicht gerne einen Hund mit dunklen Kulleraugen, kurzer Nase, runder Stirn und weichem, langem Fell streicheln? Diese Optik entspricht nämlich dem menschlichen „Kindchenschema", das menschliches Versorgungsverhalten auslöst. Vor allem auch größere Hunderassen mit langem, weichem Fell und ruhigem, Vertrauen erweckendem Blick sowie verschiedene Herdenschutzhunderassen entsprechen dem Teddybär-Look. Der „ideale Ersatzpartner", bei dem man sich sicher fühlen kann. Deshalb möchten wir gerade diesen Hunden unsere Zuneigung zeigen. Aber speziell diese Rassen sind meistens ganz besonders skeptisch Fremden gegenüber und wünschen schon gar keinen Körperkontakt mit ihnen.

Wir Menschen haben Hunde gezüchtet, die dem Kindchenschema entsprechen. Wir vermenschlichen mehr und mehr das Tier Hund. Wie kann es dann aber sein, dass wir fremde Hunde streicheln, obwohl wir selber auch nicht akzeptieren, von Fremden gestreichelt zu werden?

Imponierend wedelnd stellt sich der rötliche Mix vor den Border Collie und macht so klar, dass dieser sich nicht frei bewegen darf.

Der Border zeigt schwache Dominanzgesten, woraufhin der Mix energischer wedelt.

Über das Schwanzwedeln

Nach einem langen Arbeitstag kehren Sie endlich nach Hause zurück. Wer ist wie immer der Erste, der Sie begrüßt? Natürlich Ihr Hund. Er freut sich dann auch tierisch, und weil er Sie so vermisst hat, springt er an Ihnen hoch. Er möchte natürlich ganz in Ihrer Nähe sein. Die „Freude" sieht man ihm an, weil sein Schwanz aufgeregt hin und her wedelt. Noch eine Weile umschwänzelt Ihr Hund Sie, während Sie auch die anderen Familienmitglieder begrüßen, weil er Ihnen klar machen möchte, wie wichtig Sie ihm sind.

Freundliches Wedeln?

Ein ähnliches Verhalten zeigt er auch, wenn er Sie zum Spielen auffordern möchte. Er rennt schwanzwedelnd umher, nimmt seinen Ball ins Maul, läuft auf Sie zu, senkt die Vorderpfoten und fordert Sie „freundlich" wedelnd auf, mit ihm zu spielen. Sie waren eigentlich gerade dabei, andere Dinge zu erledigen. Aber gut - wer kann schon dem Charme seines Hundes widerstehen? Also spielen Sie eben eine Weile mit ihm. Während dessen kommt plötzlich ein anderer Hund auf das Grundstück. Was passiert da? Nun sind Sie uninteressant geworden. Wedelnd geht Ihr Hund in langsamem Tempo auf den anderen Hund zu. Er legt „freundlich begrüßend" seinen Kopf in den Nackenbereich des anderen Hundes. Was hören Sie jetzt? Knurrt da gerade Ihr Hund, oder war es der andere? Zu spät! Ihr Hund attackiert tatsächlich schwanzwedelnd den anderen Hund und beißt zu. (Oder sollte ich jetzt besser schreiben: „...und beißt freundlich wedelnd zu?")

Nun zeigt der Border soziale Hemmung, in dem er einen leichten Buckel macht, die Rute niedrig trägt und wegschaut.

Das Ziel dieser Begrüßung, die Rangordnung zu klären, ist erreicht. Der rangniedrigere Border trägt die Rute tief.

Würden Sie das als freundlich wedelnde Begrüßung
bezeichnen?

Wedeln – richtig interpretiert

Jetzt lesen Sie bitte folgende leicht abgewandelte Geschichte:
Nach einem langen Arbeitstag kommen Sie nach Hause. Wer ist so frech
und drängelt sich an Ihren Kindern vorbei, um Sie als Erster anrempeln,
anspringen und einkreisen zu können? Natürlich Ihr Hund! Er findet es
unverschämt, dass Sie so lange ohne seine Erlaubnis weg waren. Er lässt
Ihnen kaum die Möglichkeit, Ihre Familie in Ruhe zu begrüßen, da er Ihre
ungeteilte Aufmerksamkeit verlangt. Er fühlt sich als Zentrum des
Universums und möchte daher direkt seine ranghohe Position von Ihnen
bestätigt wissen.

Endlich findet er seinen Ball, um Ihnen zeigen zu können, dass er alles
im Griff hat und mit Ihnen spielen möchte. Jetzt hat er es mal wieder
geschafft, die ihm als Ranghöchstem zustehende Aufmerksamkeit von
Ihnen zu bekommen.

Da kommt ein konkurrierender Artgenosse auf das eigene Territorium, den es zu vertreiben gilt. Imponierend wedelnd läuft er auf diesen
zu und möchte ihn durch das Kopfauflegen im Nackenbereich „klein
machen". Während er dies tut, knurrt er. Da der andere Artgenosse
imponierend zurückwedelt und nicht abhaut, beißt er nun territorial-
aggressiv wedelnd zu.

Wedeln hat viele Bedeutungen

Die meisten Menschen glauben tatsächlich das „Märchen" vom freundlich schwanzwedelnden Hund. Tatsächlich gibt es Hunde, die dabei
freundlich sind und nichts Böses im Sinn haben – aber eben nicht nur.
Welche Bedeutung hat also das Wedeln mit der Rute?

Unterhalb des Rutenansatzes befindet sich die Pecaudaldrüse. Das
in der Pecaudaldrüse befindliche Drüsensekret wird beim Wedeln mit
der hoch erhobenen Rute in der Luft verteilt. Unter Artgenossen bedeutet dies ein sozial sicheres Auftreten, mit folgenden möglichen Zielen:

a) den sozial höheren Status erkennbar zu machen,

b) dominant zu imponieren und

c) einem Eindringling im Territorium die erste Verwarnung zu geben.
Wedeln kann aber auch Unterwürfigkeit (Submissivität) – wenn die Rute
dabei tief gehalten wird –, Unsicherheit oder Entspannung ausdrücken.
Wichtig ist, die gesamte Situation und die ganze Körperhaltung des
Hundes mitzuberücksichtigen (siehe ab S. 74).

Menschliche Emotionen und menschliches Gewissen

Hunde können Verhaltensformen zeigen, aus denen Menschen ableiten könnten, dass Hunde ähnliche Emotionen wie Menschen kennen. Man kann tatsächlich nicht behaupten, dass Hunde keine Emotionen haben. Jedoch gehen viele Menschen so weit zu behaupten, der Hund habe so etwas wie ein menschliches Gewissen.

Freude, Bösartigkeit und Mitgefühl?

Wir haben schon über die menschliche Emotion „Freude" gesprochen. Wir Menschen interpretieren diese Emotion gerne in unseren Hund hinein, weil es uns selber ein gutes Gefühl gibt, von unserem Hund anerkannt zu werden. Wenn der Hund sich nach einer Bestrafung z.B. in seinen Korb zurückzieht und uns womöglich noch seinen Rücken zuwendet, wird dieses Verhalten oft als „Beleidigtsein" oder „schlechtes Gewissen" interpretiert. Ebenso ist dies der Fall, wenn der Hund uns ignoriert und nicht auf Ansprache reagiert. Wenn wir traurig sind und weinen, kommt der Hund in vielen Fällen zu uns und lehnt sich an. Das wird fast generell als Beweis dafür gesehen, dass Hunde Mitgefühl kennen - obwohl derselbe Hund es ausnutzen und unsere Führung auf die Probe stellen würde, wenn wir krank sind und uns nicht wohl fühlen. Wir Menschen sehen Hunde auch als bösartig an, wenn diese z.B. einen Welpen attackieren, Besucher nicht aufs Grundstück lassen, Kinder anknurren, Spaziergänger zwicken etc. Verstehen wir die Hunde richtig?

Fehlinterpretationen

Auch ich habe früher gedacht, dass solche Hunde wohl bösartig sein müssen. Als kleiner Junge hatte ich auf Grund von negativen Erfahrungen riesige Angst vor Hunden. Auf meinem Schulweg bin ich mehrmals von zwei frei laufenden Hunden attackiert und gebissen worden. Damals konnte ich das Verhalten der Hunde nicht verstehen, da ich diesen doch nichts getan hatte. Vor Angst bin ich immer weggerannt.

Auf Grund meines jetzigen Wissenstandes habe ich mich als Kind aus der Sichtweise der Hunde auf zweierlei Weise richtig frech benommen. Erstens bin ich jeden Tag aufs Neue in ihr Territorium eingedrungen. Zweitens habe ich mich, wie es Kinder nun mal tun, hemmungslos bewegt. Die Reaktionen der Hunde auf mein Verhalten lassen sich aber erklären: Diese Hunde waren stark territorial, was meistens mit einer dominanten Veranlagung kombiniert ist. Weil sie ohne menschliche Aufsicht und Führung frei herumlaufen durften, haben sie natürlich eigenständig nach ihrer Instinktveranlagung gehandelt und ihr Territorium verteidigt. Das aggressive Verhalten der Hunde hatte nichts mit dem menschlichen Begriff „bösartig", sondern vielmehr mit Verantwortungslosigkeit der Besitzer zu tun.

Die Illustration macht klar, wie leicht es zu einer Fehlinterpretation kommen kann: Ist dieser Hund nun bösartig oder zeigt er lediglich ganz natürliches territoriales Drohverhalten?

Das schlechte Gewissen

Oft strafen Menschen Hunde für Verhalten, welches schon einige Zeit zurückliegt, und meinen, ihr Hund wisse schon, wieso er bestraft wird. Seine Körperhaltung drückt für den Menschen Schuldbewusstsein aus. Also hat er doch ein schlechtes Gewissen!?

Ein einfaches Beispiel *Sie verlassen das Wohnzimmer und gehen die Treppe hoch. Ihr Hund bleibt allein zurück. Wenn Sie später die Treppe wieder hinuntergehen und ins Wohnzimmer kommen, liegt Ihr Hund da, wo er nicht hingehört – auf der Couch. Sie schimpfen mit ihm, so dass er vom Sofa herunterspringt. Jetzt weiß Ihr Hund, dass er nicht auf dem Sofa liegen darf, wenn Sie im Wohnzimmer sind.*

Der Welpe nimmt links eine unsichere Körperhaltung ein – er hat nicht verstanden, warum sein Herrchen böse mit ihm ist. Er zeigt rechts durch Verunsicherung ausgelöstes Übersprungs-Lecken.

Was geht in Ihrem Hund vor?

Da Sie, unmittelbar nachdem Sie die Treppe hinuntergegangen sind, Ihren Hund bestraft haben, hat er auch das Geräusch „jemand geht die Treppe hinunter" mit der Bestrafung verknüpft.

Die gleiche Situation am nächsten Tag. Ihr Hund ist wieder allein im Wohnzimmer und Sie gehen die Treppe hinauf. Beim Hinuntergehen hören Sie, wie Ihr Hund bereits jetzt vom Sofa springt. Sie sind natürlich etwas böse, weil er schon wieder auf der hellen Couch gelegen hat. Daher schimpfen Sie auch diesmal mit ihm. Das allerdings kann Ihr Hund nicht verstehen. Er war doch schon vom Sofa herunter, als Sie zur Tür hereinkamen!

Jetzt zeigt Ihr Hund sich verunsichert, worauf Sie denken, dass er ein schlechtes Gewissen hat. Er hat jetzt erfahren, dass Sie unberechenbar sein können, wenn Sie zur Türe hereinkommen, und zieht sich deshalb zurück in seinen Korb. Aus dieser Erfahrung hat er auch gelernt, dass Sie weniger böse sind, wenn er die Ohren zurücklegt, die Rute herunternimmt, sich etwas kleiner macht und sich dann im eigenen Korb hinlegt. Wenn Sie das nächste Mal ins Wohnzimmer kommen, bleibt Ihr Hund im Korb liegen und begrüßt Sie noch nicht einmal – Sie denken: Jetzt ist er beleidigt oder hat ein schlechtes Gewissen.

Er weiß ganz genau, was er gemacht hat

Ein weiteres Beispiel *Ihr Hund ist allein zu Hause und hat während Ihrer dreistündigen Abwesenheit den Mülleimer gründlich ausgeräumt. Hierbei hat er sogar den von Ihnen noch nicht getrennten Müll in Biomüll und Restmüll sortiert. Den Biomüll hat er selbst entsorgt, und der sorgfältig zerkleinerte Restmüll liegt überall herum. Wie immer „freut" sich Ihr Hund, als Sie nach Hause kommen. Aber das bleibt nicht lange so. Sie sind nämlich – völlig menschlich – richtig böse mit ihm. Sie schimpfen und zeigen währenddessen auf den herumliegenden Müll. Ihr Hund kann Ihre Gefühlslage und Ihr Verhalten nicht einordnen. Vorsorglich zieht er sich in seinen Korb zurück, da er nicht weiß, ob Sie nun böse auf ihn oder auf den Müll sind.*

Am nächsten Tag kommen Sie nach Hause, und Ihr Hund bleibt im Korb liegen. Jetzt aber freuen Sie sich tierisch, weil er zufälligerweise den Mülleimer nicht ausgeräumt hat. Ihr Hund mag denken, jetzt ist „Frauchen" so wie immer. Doch es passiert ein weiteres Mal, dass Ihr Hund während Ihrer Abwesenheit den Mülleimer ausräumt. Als Sie das sehen, reagieren Sie wieder böse. Nun reagiert Ihr Hund künftig immer dann mit Meideverhalten – er bleibt in seinem Korb –, wenn Müll in Ihrer Wohnung herumliegt. Wenn kein Müll herumliegt, erfolgt die übliche Begrüßung.

Was hat der Hund gelernt?

Ein solches Erlebnis lässt Sie logischerweise denken, dass Ihr Hund noch weiß, was er zwei Stunden zuvor Falsches getan hat. Also kann man ihn hierfür bestrafen, da er ja ein Gewissen hat. Falsch gedacht! Was nämlich hat Ihr Hund hierbei gelernt?

Menschen sind auf unerklärliche Weise böse, wenn etwas Müll herumliegt. Ihr Hund erinnert sich erst dann wieder an Ihre Strafe, wenn Sie den Schlüssel in die Türe stecken. Dies hat er nämlich als Schlüsselreiz mit Ihrer bösen Stimmung und dem herumliegenden Müll assoziiert. Deshalb zeigt er dann auch sofort Meideverhalten. Sie werden mit Ihrer Reaktion das Problemverhalten nicht ändern können, weil er während seines Problemverhaltens nicht an die Strafe danach denken kann, da er diese nicht mit seiner Handlung verknüpft hat.

Der Jack Russel Terrier zeigt provokantes Besitzverhalten.

Wichtig bei der Hundeerziehung ist das richtige Timing. Korrigieren Sie Ihren Hund in dem Moment, in dem er etwas unerwünschtes tut – nicht Minuten oder gar Stunden später. Lesen Sie hierzu auch Seite 41.

Arbeit und Freizeit ?

Fast jeder Mensch möchte gern eine gute Beziehung zu seinem Hund haben. Trotzdem redet man von der Ausbildung des Hundes. Jeder Mensch möchte auch eine gute Beziehung zu seinen Kindern haben. Deshalb werden diese natürlich auch ausgebildet, Sohn oder Tochter zu sein. Oder etwa nicht? Mit der „Begleitkinderprüfung" sind diese dann auch familientauglich. Oder etwa nicht? Eine Ausbildung geht meistens über eine festgelegte Zeitspanne, damit Menschen ihren Beruf vernünftig ausüben können. Ist unser Hund von Beruf Haus- und Familienhund? Und wo verbringt er dann seinen Feierabend? In der Kneipe oder zu Hause an seiner „Arbeitsstelle"?

Jedes Kind hat ein Anrecht auf Erziehung, damit es lernt, sich in unsere Gesellschaft integrieren zu können. Und das sollte auch für Hunde gelten. Erziehung ist beziehungsorientiert und kennt keine Unterbrechung durch Pausen. Also ist Erziehung doch ein kontinuierlicher Prozess!

Ein Beispiel *Eine Kundin ist mit ihrer siebenjährigen Tochter und ihrem einjährigen Hund für ein Beratungsgespräch in meinem „Mensch und Hund Zentrum" (MundH). Wir schauen uns Videomaterial zur Veranschaulichung von theoretischem Wissen an. Währenddessen wirft die kleine Tochter die auf dem Tisch liegenden Stifte gegen den Fernseher.*

Für Frauchen ist das „Arbeit". Ein Hund unterscheidet nicht zwischen Freizeit und Arbeit!

Das Verhalten der Tochter habe ich sofort genutzt, um der Frau Folgendes klar machen zu können: „Zu Hause trainieren Sie jeden Tag eine halbe Stunde mit Ihrer Tochter, dass sie bei laufendem Fernseher brav auf ihrem Stuhl sitzen bleiben muss und Fernsehen gucken kann. Wenn sie während dieser halben Stunde brav sitzen geblieben ist, loben Sie Ihre Tochter. Danach darf sie wieder spielen. Im Laufe des Tages stellen Sie den Fernseher wieder an, und Ihre Tochter wirft wiederholt Stifte gegen den Fernseher. Da jetzt aber keine Trainingszeit ist, sondern Freizeit, sagen Sie Ihrer Tochter nicht, dass sie damit aufhören soll ..."

Erziehung findet ständig statt

Hier merken Sie schon: Erziehung kennt keine Unterteilung in Arbeit und Freizeit. Warum machen wir dann diesen Unterschied bei einem Hund? Wir leben in einer Konsumgesellschaft, wobei der Hund ein Produkt ist, das nach Programmierung funktionieren soll.

Deshalb besucht man ab dem ersten Lebensjahr eines Hundes einen Hundekurs, damit er lernt, wie er als Hund zu funktionieren hat. Nach diesem Kurs braucht man dann weiter nichts mehr zu tun. Er ist anscheinend fertig ausgebildet.

Denkvermögen?

Sehr viele Menschen fühlen sich über andere Lebewesen erhaben. Auch hinsichtlich des Denkens meinen sie, dass wir die einzige „Tierart" sind, die denken kann. So abstrakt wie wir können Hunde tatsächlich nicht denken. Aber auch Hunde lösen praktische Probleme durch Nachdenken. Und problemlösend denken kann man nicht primitiv nennen.

Ein Beispiel aus meinem früheren Hunderudel *Meine beiden Leonberger Hündinnen Laya und Khabinne waren zusammen mit unseren beiden anderen Hunden Kim und Melos im Wohnzimmer. Khabinne knabberte an einem Kauknochen. Laya wollte unbedingt diesen Knochen und forderte deshalb Khabinne zum Spielen auf. Diese ließ sich jedoch nicht veräppeln und kaute noch energischer weiter. Daraufhin stellte sich Laya imponierend über sie, wobei sie Khabinne fixierte. Letztere kaute nun knurrend weiter. Laya legte sich direkt vor Khabinne und schaute ihr eine Weile beim Kauen zu. Plötzlich stand Laya fest entschlossen auf, ging zur Küche, nahm einen Futternapf ins Maul und schleuderte diesen durch den Raum. Wie von der Tarantel gestochen liefen alle drei Hunde – einschließlich Khabinne – in die Küche, um zu gucken, ob es Fressen geben würde. Gleichzeitig rannte Laya in Höchstgeschwindigkeit ins Wohnzimmer und stürzte sich energisch auf Khabinnes Knochen.*

Freizeit – doch wie empfindet das der Hund?

Können Hunde denken?

Das obige Beispiel zeigt, dass Hunde nicht nur denken, sondern auch indirekte Lösungen für ein Problem finden können.

Sieht man den Hund als primitives Tier, so wird man bestimmt viele Verhaltensformen und deren Hintergründe übersehen. Das wirkt sich auch auf den Umgang mit diesem Tier aus. Meist geben Menschen im Umgang mit dem Hund diesem überhaupt keine Möglichkeit, zu denken und selbst Lösungen zu finden. Vielmehr werden dem Hund einfach Befehle bzw. Kommandos gegeben, auf die er reagieren muss.

Ein Negativ-Beispiel *Sie trainieren mit Ihrem Hund das Kommando „Sitz". Sie halten ihn an der Leine, drücken auf seinen Po und ziehen die Leine hoch. Dies wird kombiniert mit dem Kommando „Sitz". Ihr Hund wird unter Ausübung von Druck in die Sitz-Position gezwungen. Das kann womöglich Gegen-Druck bei Ihrem Hund erzeugen. Somit haben Sie ein Problem für Ihren Hund kreiert. Gerade deshalb denkt Ihr Hund in dieser Situation nicht an das Sitzen auf Kommando, sondern an eine Möglichkeit, aus der Problemsituation herauszukommen. Natürlich wird Ihr Hund erfahren, dass es kein Entkommen gibt, solange er an* *der Leine ist. Aber er weiß schon längst, was er tun wird, sobald er abgeleint wird. Diese Lösung hat er bereits bedacht!*

Ein Positiv-Beispiel *von meiner jungen, noch recht temperament-vollen Leonberger Hündin Jaell. Sie hat gelernt, dass sie sitzen muss, bevor sie angeleint mit zur „Jagdpartie" gehen darf. Trotzdem geht manches Mal ihr Temperament mit ihr durch. Wenn sie weiß, das ich mit ihr jagen gehen möchte, kann sie nicht ruhig sitzen bleiben, sondern springt ständig wieder auf. Nun wäre eine Möglichkeit, ihr immer wieder zu sagen, was sie tun muss, weil sie anscheinend selber nicht nachdenken kann. Eine andere Möglichkeit aber ist, sie nach-denken zu lassen, denn je schneller sie sich hinsetzt, desto eher geht es zur Jagd. Auf diese Lösung ist sie dann auch gekommen und setzt sich seitdem sehr gerne und auch noch viel schneller hin.*

Hunde besitzen durchaus ein Denkvermögen, auch wenn es nicht dem unsrigen gleich kommt. Sie sind in der Lage, alleine durch Nachdenken und ohne auszuprobieren Lösungen für verschiedene Probleme zu finden.

Ist es nicht bei uns Menschen so, dass sich eigene Lösungen besser einprägen und daher schneller wiederholt werden? Nicht anders ist es auch bei Hunden! Geben Sie Ihrem Hund also die Chance, eigene Lösun-gen für Probleme zu finden. Das Gelernte wird sich besser einprägen und sicherer abrufbar sein.

Der Hund als Held?

Gern sieht man den Hund in seinen Traumvorstellungen als Helden, Beschützer, Retter und Kinderfreund. Denken Sie doch nur einmal an Lassie. Sie hat die im Wald verirrten Kinder tagelang ohne Fressen und Trinken auf eigene Initiative gesucht, gefunden und wieder nach Hause gebracht. Oder Boomer, der eine Katze von einem Baum herunterholt, nicht mit der Absicht, sie zu jagen, sondern um sie zu retten.

Hunde sind Opportunisten

Hunde sind jedoch nicht selbst aufopfernd (altruistisch). Auch ein Blindenführhund ist eher auf seine eigene Existenz als auf die seines Menschen orientiert. Hunde sind genau wie wir ichbezogen (egozentrisch). Ihr Verhalten ist zweckmäßig und auf Effizienz orientiert. Bei der Schutzhundausbildung halten sich die meisten Männer für

Auch im täglichen Umgang mit uns Menschen sind Hunde Opportunisten. Fragen Sie sich doch einmal, wer eigentlich beim Werfen-Bringen-Fangen mit wem spielt. Sie mit Ihrem Hund – oder sind Sie nur die Ballwurfmaschine?

absolute Rudelführer. Ihr Hund verteidigt sie. In den meisten Fällen aber reagiert der Hund aus Selbstschutz oder verteidigt einen Rangniedrigeren. Mutig ist kein Hund!

Viele Hunde werden als kinderfreundlich beschrieben. Für den oberflächlichen Betrachter kann dies tatsächlich so aussehen, wenn ein Hund pausenlos die Nähe der Kinder sucht. Es ist aber vielmehr so, dass zwischen einem solchen Hund und den Kindern eine parentale Bindung besteht. Er übt den Kindern gegenüber Elternfunktion aus. Das kann so weit gehen, dass der Hund die Kinder so verteidigt, als ob es die eigenen Welpen wären. Sie können sich hoffentlich vorstellen, dass das für die Freunde des Kindes unter Umständen gefährlich werden könnte. Ist der Hund dann hier tatsächlich noch der heldenhafte Kinderfreund?

Bösartig und aggressiv?

Welpen üben im Spiel, Aggression auszudrücken und auch zu verstehen.

Es gibt Menschen, die Hunde als Lebewesen mit einem primären Bedürfnis nach Aggression sehen. Haben Sie etwa auch ein grundlegendes Streitbedürfnis, wenn Sie eine gewisse Zeitspanne keinen Streit geführt haben? Oder ist der Streit nicht etwa von der jeweiligen Situation und deren Begleitumständen abhängig?

Aggression weckt Aggression

Weil manche Menschen Hunde als potentiell aggressive Tiere sehen, werden diese auch für Aufgaben benutzt, bei denen Aggression gewünscht ist. In diesem „Milieu" wird dann auch meistens dementsprechend mit diesen Tieren umgegangen. Das Bild des Hundes als solches bestimmt generell den Umgang mit ihm. Aggressive Umgangsformen führen zu einer Bestätigung des Bildes über den Hund. Wenn der Hund in einem aggressivem Umfeld aufwächst, wird er selber tatsächlich auch viel mehr Aggression zeigen. Genauso wie Kinder, die in einer Familie aufwachsen, in der lauthals gestritten wird, und die deshalb später Schwierigkeiten haben werden, auf sachlicher Ebene über strittige Themen zu diskutieren.

Wir Menschen sind mittlerweile so weit entfremdet von der Natur, dass wir sogar bei Hunden von „Beuteaggression" reden. Stellen Sie sich vor, ein Wolf würde ein Bison attackieren, weil er ihm böse ist. Nein, er „liebt" dieses Bison – als Futterquelle –, und deshalb beißt er zu. Oder ist ein Jäger etwa böse mit dem Reh, welches er tötet? Der Schlachter muss dann wohl ein sehr bösartiger Mensch sein, weil er den ganzen Tag „Beuteaggression" zeigt.

Ein trauriges Beispiel *Ich war im Garten mit meinem damals vierjährigen Sohn Ivo und unseren vier Hunden. Wir waren damit beschäftigt, den Kaninchenkäfig sauber zu machen. Als ich eines der Kaninchen auf meinem Arm hatte, fing es an zu zappeln und fiel herunter. Sofort stürzte sich Kim, ein Jagdhund-Mix, auf das Kaninchen, packte es im Nacken und schüttelte es tot. Mein Sohn war entsetzt und fand Kims Verhalten bösartig. Ich erklärte ihm, dass ich naiv war, im Beisein der Hunde den Käfig sauber zu machen. Kim habe lediglich auf Grund ihres Jagdinstinktes gehandelt – der Tod des Kaninchens war also eigentlich meine Schuld.*

Der gezeichnete Hund zeigt Angst, die sich in angstagressives Verhalten steigern kann. Dies sieht man unter anderem bei schlecht geprägten sowie auch bei traumatisierten Hunden.

Aggression ist ein normaler und natürlicher Überlebensmechanismus des Hundes. Grundsätzlich versucht aber jedes Lebewesen, Aggression zu vermeiden. Aggression wird immer in einer Stress-Situation gezeigt und dient dem Selbstschutz, der Verteidigung des Reviers oder dem Schutz des Rudels.

Falsch verstandene Tierliebe
führt zur Tierquälerei

Falsches Verständnis, Unwissenheit oder falsch verstandene Tierliebe
führen oft zu Tierquälerei, ohne dass dies dem Menschen bewusst ist.
Auch wenn Menschen das nicht beabsichtigen, leiden viele Tiere,
weil sie vermenschlicht werden. Mit diesen Tieren habe ich Mitleid.

> *Ich habe Mitleid mit Hunden, die in einer Demokratie leben müssen.*

> *Ich habe Mitleid mit Hunden, die eine menschliche Rolle erfüllen sollen.*

> *Ich habe Mitleid mit Hunden, die aus „Tierliebe" totgefüttert und totgestreichelt werden.*

> *Ich habe Mitleid mit Hunden, bei denen von allen Instinktveranlagungen nur der soziale Rudelinstinkt akzeptiert wird.*

> *Ich habe Mitleid mit hochintelligenten Hunden, die für ganz spezielle Funktionen gezüchtet wurden und nun arbeitslos den ganzen Tag auf dem Sofa liegen müssen, nur weil sie besonders schön aussehen.*

> *Ich habe Mitleid mit Hunden, die trotz Verbots in irgendeiner Weise kupiert werden.*

> *Ich habe Mitleid mit Hunden, die auf Grund unserer Züchtungen nicht mehr normal laufen, sich fortpflanzen, gebären, atmen, kommunizieren, sehen oder riechen können.*

> *Ich habe Mitleid mit Hunden, die von ihren Züchtern so schlecht auf ihre Umwelt geprägt wurden, dass sie ihr Leben lang jede neue Situation als Bedrohung empfinden.*

> *Ich habe Mitleid mit Hunden bestimmter Rassen, die wir Menschen selber kreiert und gezüchtet haben, die nun aber nicht mehr in unserer Gesellschaft akzeptiert werden und deshalb vernichtet werden müssen.*

> *Ich habe Mitleid mit Hunden wie gerade so genannten „Kampfhunden", die ihr restliches Leben in „Einzelhaft" im Tierheim verbringen müssen.*

> *Ich habe Mitleid mit geistig schwer kranken Hunden, die als körperlich gesund bezeichnet und deshalb nicht von ihrem Leiden erlöst werden.*

> *Ich habe Mitleid mit Hunden, die um alles auf der Welt am Leben gehalten werden, wo Tierschutz Quantität und nicht Qualität von Leben bedeutet.*

> *Ich habe Mitleid mit Hunden, die immer wieder ins Tierheim zurückkommen und auf diese Weise von einer Familie in die andere gelangen, weil ihre ursächlichen Probleme von niemandem gesehen werden.*

> *Ich habe Mitleid mit bisher frei im Rudel lebenden Hunden z.B. aus Spanien, die aus ihrem eigenen Rudel entführt wurden und nun plötzlich vom einen auf den anderen Tag ein Leben als Familienhund führen müssen.*

> *Und mit welchen Hunden haben Sie Mitleid?*

Der Umgang des Menschen mit dem Hund

Die Kommunikation zwischen Mensch und Hund im Alltag

Stellen Sie sich vor, dass Sie als einziger Mensch in einer Elefantenherde leben. Alle Elefanten kommunizieren in der artspezifischen Sprache miteinander und auch mit Ihnen, denn Sie müssen von den Elefanten noch erzogen werden. Sie stehen mitten in der Elefantenherde und hören von den meisten Mitgliedern der Herde ein dunkles, dumpfes Brummeln. Wüssten Sie jetzt auf Anhieb, was das bedeutet und wie Sie sich richtig verhalten müssen? Für die Elefanten ist ganz klar, dass Sie wissen müssten, was das bedeutet, und sie verstehen nicht, dass Sie wie von der Tarantel gestochen weglaufen. Denn das Brummeln bedeutet doch nur, dass die Elefanten sich untereinander wohl fühlen und die momentane Körpernähe toleriert wird.

Ein Beispiel aus meiner Praxis *Ich bekam einen Anruf von einer Hundebesitzerin, die mir Folgendes schilderte. Sie habe mittlerweile schon eine zweite Hundepfeife gekauft, aber ihr Hund komme immer noch nicht auf Pfiff zurück. Sie fragte mich, was denn hierbei schief gegangen sei. Sie war völlig erstaunt, als sie hörte, das sie ihren Hund als Erstes auf das Flötensignal konditionieren müsse. Auch: "Ich hatte nun schon zwanzigmal energisch ‚Hier' gerufen, mein Hund kam aber immer noch nicht", höre ich immer wieder.*

Eine gemeinsame Sprache lernen

Woher sollte der Hund wissen, was dieses Flötensignal, das energische „Hier"-Rufen oder auch „Nein, Fiffi, das darfst du aber nicht!" bedeuten soll? Würden Sie etwa die Kommandos „Knötelö" oder „Übiskrübis" perfekt ausführen können. Nee? Ich auch nicht!

links
Der Hund braucht nicht auf seine Besitzerin zu achten, da sie ja brav „bei Fuß" geht.

unten
Wir machen uns oft nicht klar, was es für einen Hund bedeutet, wenn wir ihn umarmen oder bei der Pflege jedes noch so empfindliche Körperteil berühren.

Auf frischer Tat ertappt! Nur wenn Sie Ihren Hund in dem Moment erwischen, in dem er etwas unerwünschtes tut, macht es Sinn, ihn zu korrigieren.

Trotzdem gehen die meisten Menschen davon aus, dass Hunde menschliche Sprache von Geburt an kennen und verstehen. Komisch, denn selbst unsere Kinder müssen unsere Sprache erst lernen, obwohl sie als Menschen geboren werden. Sie müssen also auch erst lernen, wie Sie mit Ihrem Hund kommunizieren – und er mit Ihnen.

Der falsche Weg
Ein anderes Phänomen in der Kommunikation zwischen Mensch und Hund ist, dass der Mensch zuerst auf eine ganz vorsichtige, liebevolle Weise kommuniziert. Merkt er aber, dass der Hund auf diese Kommunikation nicht adäquat reagiert, wird der Ton immer energischer oder grober. Meist läuft es so: Der Welpe knabbert am Tischbein herum. Mit einem freundlichen „Putzi, was machst du denn da?" wird er „zurechtgewiesen". Der Hund guckt neugierig, knabbert aber nach kurzer Zeit wieder am Tischbein. Darauf folgt – schon nicht mehr ganz so nett - „Das darfst du doch nicht." Wieder guckt der Hund, wieder knabbert er weiter. Nun wird der Ton richtig ärgerlich: „Nein, ich habe doch gesagt, dass du das nicht tun sollst." Der Hund schaut fragend, knabbert aber weiter. Jetzt folgt „Lass das sein!". Kurz hört er auf, macht dann jedoch weiter. Nun folgt der offenbar unvermeidliche Ruck am Halsband und ein lautes: „Verdammt noch mal, jetzt reicht's aber!" Ob der Hund jetzt verstanden hat, was Sie meinen?

Die Kommunikation verfeinern
Innerhalb einer guten Beziehung wäre es allerdings logischer, dass die Kommunikation sich allmählich immer mehr verfeinert. Ein Beispiel: Ein Baby fängt an zu brabbeln, Mama hört: „blambammbla" und reagiert, weil das Kind zum ersten Mal Mama „gesagt" hat. Weil sie so reagiert, wird das Baby dies häufiger wiederholen. Letztendlich sagt es einwandfrei : „Mama". 80 Jahre später wird dieses Baby neben seiner Partnerin, mit der es 40 Jahre zusammenlebt, morgens wach und braucht diese nur anzuschauen, um zu wissen: „ Oh, heute sage ich besser nicht zu viel zu ihr." So hat sich die Kommunikation verfeinert.

Der richtige Weg
Wieder knabbert der Welpe am Tischbein. Doch dieses Mal nutzen Sie die Chance, um ihm dieses Tabu unmissverständlich klar zu machen. Reagieren Sie mit einem ganz klaren, emotionslosen Nackenstoß, einem fixierenden Blick und einem ausgesprochenen Korrekturwort (z.B. No). Die erwünschte Reaktion des Welpen – er hört auf zu knabbern - wird gelobt, und gleichzeitig wird dem Hund eine Alternative geboten, z.B. ein Knochen, den er auf seiner Decke knabbern darf. Später reichen schon ein fixierender Blick und das Korrekturwort aus, um das unerwünschte Verhalten zu unterbrechen. So schaffen Sie es, dass irgendwann das Korrekturwort allein schon ausreicht und Sie klar und deutlich mit dem Hund kommunizieren.

Hündinnen kennen die beiden Grundsätze, die eine wirkungsvolle Korrektur voraussetzen: 1. im richtigen Moment strafen und 2. mit einer unmissverständlichen Geste, wie hier dem Über-Schnauzgriff.

Das hat er ja noch nie gemacht!

Eine erzieherische Lektion für das Kind: Der Golden Retriever fordert auf sehr freundliche Weise die Einhaltung der Individualdistanz.

Ein Werbespot *einer holländischen Versicherungsgesellschaft: Zwei Freundinnen, die beide ihre angeleinten Hunde - einen Chihuahua und eine Englische Bulldogge - ausführen, treffen sich im Park. Sie haben sich viel zu erzählen, da sie sich schon längere Zeit nicht mehr gesehen haben, und achten nicht auf ihre Hunde. Diese haben sich allerdings ebenfalls viel zu sagen, denn sie haben sich noch nie gesehen. Die Besitzerin des Chihuahuas spürt plötzlich einen kurzen Ruck an der Leine. Beide Besitzerinnen gucken nach unten und sehen entsetzt, dass nur noch das Ende der Leine des Chihuahuas aus dem Maul der Bulldogge hängt. Daraufhin meinte die Bulldoggen-Besitzerin: „Das hat er ja noch nie gemacht."*

Aber was ist passiert? Logischerweise haben diese Hunde einander schon länger fixiert und möglicherweise auch geknurrt. Vielleicht wäre der Chihuahua gern geflüchtet, weil er schon längst verstanden hatte, dass er hier nichts zu suchen hat, aber diese Möglichkeit war durch die Leine nicht gegeben. Die Englische Bulldogge hatte den Chihuahua in seinem Territorium (zumindest sieht der Hund das so!) nicht geduldet und den Konkurrenten eliminiert.

Der Mensch versteht zu spät

Es ist typisch menschlich, erst dann zu reagieren, wenn Hunde bereits eine sehr eindeutige, grobe Form der Kommunikation untereinander oder uns gegenüber zeigen. Die zwei bis fünf Vorstufen vor diesen gröberen Aktionen werden von vielen Menschen entweder nicht ernst- oder sogar gar nicht wahrgenommen.

Tagtäglich erfahre ich als Hundeerzieher und Verhaltensberater, dass Menschen die feinen Gesten ihres Hundes übersehen haben und erst dann, wenn der Hund schon richtig zugebissen hat, zu mir kommen. Häufig höre ich dann sogar: „Er hat zwar mal gezwickt, aber gebissen hat er zuvor noch nie."

Ein Beispiel hierzu *Ihr Kind ist zu Ihrem Hund in den Hundekorb gekrabbelt. Der Hund schaut das Kind daraufhin direkt an. (Er ist doch so kinderlieb!) Diese erste, für Hunde ganz klare Vorwarnung ist aber vom Kind und auch von Ihnen nicht so verstanden worden. Dann züngelt Ihr Hund. (Guck wie lieb, er möchte es sogar lecken!) Sie interpretieren ihn falsch. Ganz kurz nur zieht der Hund eine Lefze etwas hoch – auch das entgeht Ihnen. Erst dann knurrt Ihr Hund sanft und tief. Noch immer reagieren Sie und das Kind nicht auf diese schon ziemlich klare Aussage: Raus aus meinem Korb! Letztendlich schnappt Ihr Hund nach dem Kopf des Kindes. Was nur als eine Korrektur des*

Hundes gegenüber dem Kind gemeint war – genauso würde er es bei einem Welpen machen –, führt bei Ihrem Kind, das eine viel zartere Haut hat als ein Welpe, zu Verletzungen. Jetzt erst reagieren Sie – und wie! Ihr Hund wird böse angeschrien und erst mal aus der Wohnung entfernt. Ab jetzt darf sich Ihr Hund nur noch im Flur aufhalten und nie wieder mit Ihnen und Ihrer Familie zusammen ins Wohnzimmer.

Hunde verstehen menschliche Gefühle nicht

Die Konsequenzen für den Hund im letzten Fallbeispiel machen schon klar, wie Menschen nicht hündisch, sondern menschlich auf solche Ereignisse reagieren. Menschen werden wütend und können dann zum Beispiel tagelang böse sein. Das schafft kein Hund! Hunde leben im Hier und Jetzt und denken nicht daran, was gestern geschehen ist. Das kommt erst dann wieder zurück, wenn sich eine ähnliche Situation ereignet.

- Wir sind böse und traurig zugleich, weil der aus dem Nest gefallene und von uns aufgezogene Spatz von unserem Hund getötet wurde – und wissen nicht, dass er uns gezeigt hat, was man wirklich mit so einem Beutetier machen muss.
- Wir sind verunsichert, weil unser Hund den Nachbarswelpen anknurrt – und wissen nicht, dass es keinen „Welpenschutz" gibt (siehe S. 68).
- Wir haben Angst vor unserem Hund, wenn dieser uns beim Futternapf anknurrt – und wissen nicht, dass der Hund uns als rangniedrigeren Rudelgenossen sieht.
- Wir haben Mitleid mit unserem Hund, wenn er Angst hat – und wissen nicht, dass wir damit die Angst noch verstärken.
- Wir sind enttäuscht von unserem Hund, da er uns nicht dankbar ist – und wissen nicht, dass er eigentlich andere Bedürfnisse hat, die wir nicht befriedigt haben.
- Wir sind genervt, wenn Kommandos x-mal wiederholt werden müssen – und wissen nicht, dass der Hund unsere Führung in Frage stellt.

Spielerisch und doch demonstrativ zeigt der Jack Russell seinen Besitz.

▶ Wir freuen uns, wenn unser Hund mit anderen Hunden tobt – und wissen nicht, dass er eventuell auf der Suche nach besseren Rudelgenossen als uns ist .

▶ Wir lachen über unseren Hund, wenn er auf tolpatschige Weise mit seinem Knochen vor unseren Augen herumspielt – und wissen nicht, dass er damit in seinem provokant gemeinten Verhalten bestätigt wird.

All diese Emotionen sind menschlich. Sie sind jedoch für Hunde nicht nachvollziehbar. Sehr häufig wird er die gezeigten Gefühle sogar auf eine andere Weise interpretieren. Damit erreicht man oft das Gegenteil von dem, was man dem Hund eigentlich vermitteln wollte.

Klar, nicht emotional kommunizieren

Wer die Hundesprache nicht versteht, kann nicht eindeutig mit seinem Hund kommunizieren. Bei der Kommunikation zwischen Mensch und Hund ist es wichtig, vom Hund und nicht von menschlichen Gefühlen auszugehen. Eindeutige Signale, sowohl verbal also auch mit Sichtzeichen und der dazu gehörenden Körpersprache, sind hierfür erforderlich.

Im Umgang mit Hunden ist eine klare Kommunikation erforderlich. Emotionales Einreden auf den Hund, weil Sie sich vielleicht gerade mal wieder über ihn geärgert haben, versteht er nicht und verunsichert ihn nur.

Monolog statt Dialog

Monolog in einer menschlichen Beziehung
Ich als Frau wünsche mir einen Mann, der handwerklich geschickt ist, damit mein Haus tipptopp aussieht. Er sollte einen angesehen Beruf ausüben, bei dem er viel Geld verdient. Er soll natürlich auch gut ausse- hen. Jetzt hat dummerweise dieser Mann aber auch noch eigene Bedürf- nisse, die ich als Frau lästig finde. Er möchte z.B. auch noch essen. Das ist das Einzige, was mich richtig stört an ihm, weil ich dann kochen muss.

Monolog in einer Mensch-Hund-Beziehung
Ich als Hundebesitzer wünsche mir einen Hund, der das Grundstück bewacht, damit keiner in das Haus einbricht. Er soll gut gehorchen und sozial sein. Es soll ein Rassehund sein, der ruhig etwas Geld kosten darf. Schön sein muss er sowieso. Jetzt hat dummerweise dieser Hund aber auch noch eigene Bedürfnisse, die ich als Hundebesitzer richtig lästig finde. Er möchte z.B. auch noch jagen. Das ist das Einzige, was mich rich- tig stört an ihm, weil ich mich dann mit ihm jagdlich beschäftigen muss.

Der Hund als Kumpel und Beschützer.

Den Hund als Ganzes sehen
Hunde haben zwar einen sozialen Rudelinstinkt, jedoch eher als Mittel zum Zweck, nämlich um effektiver gemeinsam mit Rudelgenossen zu jagen, das Territorium zu verteidigen und die Welpen großziehen zu können. Wir Menschen allerdings kaufen uns einen Hund, weil wir nur daran denken, dass er ein soziales, im Rudelverband lebendes Tier ist. Das andere sehen wir erst dann, wenn wir Probleme damit bekommen. Letztendlich akzeptieren wir somit das Tier Hund nicht so, wie es wirk- lich ist. Ich sage meistens, dass Menschen nur einen Quarterdog – ein Viertel eines Hundes - haben wollen, nicht das gesamte Tier Hund mit all seinen Eigenschaften.

Monolog in einer menschlichen Beziehung – die andere Seite

Meine Lebensgefährtin ekelt sich vor meinen Essgewohnheiten. Sie ist dabei, mir diese abzutrainieren. Acht Tage bin ich nun schon im Training und habe seitdem nichts mehr gegessen. Jetzt kommt der Härtetest! Meine Lebensgefährtin führt mich angeleint zwischen zwei langen Tischen durch, auf denen allerlei Leckereien stehen. Die ganze Zeit achte ich nur noch auf die Lücken in der Aufmerksamkeit meiner Partnerin. Sobald sie kurz abgelenkt ist, stürze ich mich auf einen Pudding – und nehme noch nicht einmal einen Löffel dazu!

Was hat meine Partnerin damit erreicht? Meine Lebensgefährtin ist für mich zur Lebensgefahr geworden. Eine Partnerin kann man sie daher nicht mehr nennen. Die Beziehung ist im Eimer. Für mich ist nur noch eine Sache wichtig: schnellstmöglich Essen zu bekommen. Deshalb achte ich pausenlos auf mögliche Unaufmerksamkeiten meines „Frauchens". Und meine Essgewohnheiten haben sich letztendlich nur verschlechtert.

Spazieren gehen im besten Jagdrevier ist wie Laufen durch die Futtergasse.

Bedürfnisse kennen und berücksichtigen

So leben leider, oder besser gesagt so durchleiden leider viele Hunde ihr Leben. Stellen Sie sich bitte den Pfad zwischen den beiden Tischen als Waldweg vor. Der Hund wird auf dem Pfad angeleint durch den Wald geführt. Er denkt nur noch: „Ich darf nicht jagen, ich darf nicht jagen – ich muss aber doch jagen, ich muss aber doch jagen." Wenn Sie kurz nicht auf ihn achten, reißt er sich los und rennt in den Wald hinein. Er hat nämlich schon längst die Fährte der Beute aufgespürt. Denken Sie jetzt auch noch, dass Ihr Hund einfach nur abgehauen ist?

Wenn man innerhalb einer Partnerschaft nur die Befriedigung der eigenen Bedürfnisse als Ziel hat und die Bedürfnisse des anderen nicht akzeptieren möchte, ist man selbst ein schlechter Sozialpartner. Man konsumiert seinen Partner, egal ob dieser ein Mensch oder Hund ist. Hoffentlich sind Sie zu einem Dialog mit Ihrem Hund bereit.

Wie wertvoll ist uns unser Hund?

Soziologen haben sich natürlich auch mit dem Thema „Mensch und Hund" beschäftigt. Sie haben herausgefunden, dass die Chancen, aus dem eigenen Familienrudel verstoßen zu werden, größer sind, wenn das Tier für den Mensch eine ausschließlich sozial-emotionale Funktion hat. Eine sozial-emotionale Funktion hat der Hund dann, wenn er nur Sozialpartner für den Menschen sein muss und keine weitere Funktion oder Aufgabe hat. In der Soziologie unterscheidet man außerdem primäre und sekundäre soziale Beziehungen.

Kennzeichen für eine primäre soziale Beziehung

- gleiche Zielsetzungen
- umfangreiche Kenntnisse der persönlichen Bedürfnisse des Partners
- räumliche Nähe
- kleine Anzahl von Individuen
- eine intrinsische Bewertung der Beziehung, das heißt, nicht das Ziel an sich, sondern der Weg dorthin ist Ziel der Beziehung.

Ein Hund mit sozial-emotionaler Funktion?

Beispiel hierfür ist eine Mensch-Hund–Beziehung, die eine gemeinsame Zielsetzung hat. Umfangreiche Kenntnisse der Bedürfnisse des Hundes, die innerhalb der Beziehung eine wichtige Bedeutung haben. Die enge gemeinsame Zusammenarbeit mit Hilfe von guter Kommunikation steht hierbei im Vordergrund. Man findet sie z.B. bei einem Schäfer und seinem Hütehund.

Kennzeichen für eine sekundäre soziale Beziehung

- unterschiedliche Zielsetzungen
- spezielle und beschränkte Kenntnisse von Personen und Individuen räumlicher Abstand
- große Anzahl von Individuen
- eine extrinsische Bewertung der Beziehung, das heißt, nur das persönliche Ziel zählt und nicht der Weg dorthin.

Soll er nur putzig und brav sein?

Ein Beispiel hierfür *Ein Blinder möchte über eine Führhundeschule gern einen Blindenführhund erwerben. Ziel des Inhabers der Führhundeschule ist es, einen der Hunde an diesen Kunden zu verkaufen. Der eine möchte also ein Produkt erwerben, der andere das Produkt liefern. Der eine möchte so wenig Geld wie möglich bezahlen, der andere so viel wie möglich verdienen. Also haben der Inhaber der Führhundeschule und der Blinde eine sekundäre soziale Beziehung mit unterschiedlichen Zielsetzungen. (Hoffentlich bekommt der Blinde mit seinem zukünftigen Führhund eine primäre soziale Beziehung ...)*

Mensch-Hund-Beziehung

Die Beziehungen zwischen Menschen und ihren Hunden sehe ich häufig als eine Mixform zwischen einer primären und einer sekundären sozialen Beziehung. Nämlich:

- unterschiedliche Zielsetzungen bei Menschen und ihren Hunden
- spezielle, auf die menschlichen Ziele hin orientierte und beschränkte Kenntnisse der persönlichen Bedürfnisse des Hundes
- räumliche Nähe
- kleine Anzahl von Individuen
- im Vordergrund eine extrinsische Bewertung der Beziehung.

Was kann man daraus schließen? Wenn außer der für den Hund schwer nachvollziehbaren sozial-emotionalen Funktion noch eine auch für ihn nachvollziehbare, gemeinsame Aufgabe mit dem Menschen zu erfüllen ist, wird der Hund für den Menschen wertvoller.

Bindung

Es gibt keine Bindung zwischen Mensch und Hund, sondern lediglich eine funktionelle Beziehung, wenn der Hund nur eine praktische Funktion hat. Eine deutlich stärkere Bindung zwischen Mensch und Hund kommt zustande, wenn der Hund sowohl eine praktische als auch eine soziale Funktion für uns hat. Erfüllt der Hund nur eine sozial-emotionale Funktion, kommt keine starke Bindung zustande. Der Hund soll lediglich die ihm zugedachte Aufgabe erfüllen. Tut er dies, ist der Mensch zufrieden; kann der Hund dies nicht leisten, ist der Mensch enttäuscht.

Mit Natural Dogmanship® eine neue Beziehung aufzubauen heißt, ein gemeinsames Ziel zu erarbeiten.

Das gemeinsame Ziel ist der Preydummy, auf den Mensch und Hund gemeinsam „jagen"

Der Hund bringt das Preydummy, aus dem später die Beute geteilt werden wird.

Die Enttäuschung des Menschen

Eine rein emotionale Beziehung sorgt auch dafür, dass man verletzbarer ist. Sozial-emotionale Erwartungen haben einen hohen Stellenwert, daher sind Enttäuschungen vorprogrammiert. Weil man sich möglichst vor verletzenden Enttäuschungen bewahren möchte, baut man aus Selbstschutz Distanz auf. Dies kann so weit führen, dass man sich von seinem Partner, auch im Falle Hund, trennt.

Erwartungen an den Hund

Die Erwartungen an das Tier Hund sind heutzutage so hoch, dass kaum ein Hund sie alle erfüllen kann. Hunde werden durch die Medien präsentiert und in Szene gesetzt. Man sieht sie zusammen mit glücklichen Familien, frisch verliebten jungen Paaren, aktiven sportlichen Menschen, alleinstehenden, aber lebensfrohen Senioren, unbesorgt spielenden Kindern, kurz gesagt mit zufriedenen, glücklichen Menschen. Dies erweckt den Eindruck, Hunde seien Glücksbringer und brächten Harmonie in ihre Umgebung. Die Realität sieht aber – vor allem ganz sicher für den Hund – völlig anders aus!

Werden die Erwartungen, die der Mensch an seinen Hund hat, nicht erfüllt, ist die Enttäuschung bereits vorprogrammiert.

Wie sieht der Hund den Menschen?

Kommunikation aus der Sicht des Hundes

Hunde sind hoffentlich als Welpen auf Menschen geprägt worden, werden aber trotzdem ihr ganzes Leben nur die Möglichkeit haben, auf hündische Weise mit Menschen zu kommunizieren. Wie der Hund sich durch sein Ausdrucksverhalten mit anderen Hunden verständigt, so teilt er sich auch dem Menschen mit. Ein Hund bemerkt allerdings, dass Menschen aus seiner Sicht unlogisch auf seine Art der Kommunikation reagieren. Auch wenn der Mensch gar nichts tut, hat das für einen Hund eine kommunikative Bedeutung und Konsequenzen innerhalb der Beziehung zwischen Mensch und Hund.

Ein Beispiel *Ihr Hund spielt vor Ihrer Nase mit seinem Knochen herum. Sie sitzen brav auf der Couch und genießen es, ihn beim Spielen zu beobachten. Er allerdings kann das nur so interpretieren, als ob Sie sich nicht trauen, auf sein provokantes Verhalten zu reagieren. Denn jeder andere dominantere Hund würde in seinem Rudel diese Provokation durch Abnehmen des Knochens sofort abstellen. Hier haben Sie also seine ranghöhere Position bestärkt. Wenn Sie dann später Ihrem Hund den Knochen abnehmen möchten, könnte er Sie dafür anknurren. Das ist nämlich sein gutes Recht als Ranghöchster!*

Der Hund hat von Ihnen die Führung bekommen. Der Mensch muss sich als Rudelführer erst einmal beweisen, damit er die führende Position von seinem Hund bekommt.

Ein weiteres Beispiel *Ich bin mit meinem Hund bei Bekannten zu Besuch. Ich sitze zusammen mit ihnen auf dem Sofa, trinke Kaffee, leine meinen Hund ab und sage. „Na los, geh mal gucken", damit er herumschnuppern und das Terrain erkunden kann. Für meinen Hund ist klar, dass ich gehemmt auf dem Sofa sitze und er hemmungslos herumlaufen darf, schnuppern kann und auf diese Weise das unbekannte Umfeld checken muss. Oh, siehe da, er markiert. Logisch, da ich für meinen Hund nicht die führende Position inne habe. Unlogisch ist es für meinen Hund, dass er für sein Verhalten korrigiert wird. Aber noch viel unlogischer ist es, dass er von mir als Rangniedrigerem korrigiert wird.*

Aufforderung zum Spiel? Der Hund macht klar, wer hier was zu sagen hat – und Beginn und Ende des Spiels bestimmt.

Das dritte Beispiel *Mein Hund liegt im Eingangsflur und ich sitze im Wohnzimmer. Ich denke, dass er nur kühl liegen möchte. Mein Hund aber denkt: „Anscheinend traut sich dieser Mensch nicht, sein eigenes Territorium zu bewachen, also kann er doch kein Rudelführer sein! Deshalb muss ich mich im Eingangsbereich der Wurfhöhle aufhalten, damit dieser kindliche (infantilisierte) Mensch in seinem Bau beschützt wird." Wenn mein Hund dann anschließend einen Besucher beim „Begrüßen" anspringt, ist es unlogisch für ihn, dass er hierfür korrigiert wird und dass ausgerechnet ich ihn korrigiere. Denn wenn hier einer zu korrigieren hat, dann er als Ranghöherer.*

Das große Missverständnis

Hunde machen sich auf Grund unseres Verhaltens ein Bild von uns. Fast generell bereitet dieses Bild Probleme für Hunde. Wir verstehen den Hund nicht, und auch er versteht uns völlig falsch. Somit sind durch eine gestörte Kommunikation viele Rangordnungsprobleme vorprogrammiert. Einerseits darf der Hund viele Freiheiten genießen, und andererseits soll er immer gehorchen. So ist der Hund Rudelführer und Sklave in einer Person.

Hier ist der Hund eindeutig der Ranghöhere. Er versucht, einen Rudelfremden aus dem Revier zu vertreiben – egal, wer da noch am anderen Ende der Leine hängt.

Instinktlos durch das Jagdrevier

So sieht der Hund den Menschen, wenn er mit ihm spazieren geht. Hunde gehen nämlich nicht „spazieren". Auch hier haben Mensch und Hund konträre Zielsetzungen. Der Mensch will, dass sich sein Hund draußen bewegen und lösen kann. Gleichzeitig möchte der Mensch sich vielleicht etwas erholen oder einfach nur die Natur genießen.

Der Hund aber hat das Bedürfnis, sein Territorium, sein Jagdrevier zu kontrollieren, zu markieren, was so viel heißt wie in Besitz nehmen, und anschließend dort zu jagen. Beides am liebsten in Zusammenarbeit mit seinem Rudelgenossen. Weil der Mensch aus der Sicht des Hundes dort aber versagt, kann er im Mensch-Hund-Rudel keine Führungsrolle übernehmen. Der Hund muss also versuchen, dem Menschen das beizubringen, worauf es nun wirklich ankommt, wenn man sich ins Jagdrevier begibt – das Jagen.

Der Ranghöchste initiiert die Jagd

Schon in der Wohnung bemerken Sie vor dem Spaziergang eine ziemliche Unruhe bei Ihrem Hund. „Siehe da, der Beweis für sein Bewegungsbedürfnis", sagen Sie sich. Er geht doch gern spazieren? Leider haben Sie Ihren Hund falsch verstanden. Er hatte Langeweile in der Wohnung, weil er da nicht großartig jagen kann. Außerdem muss er nach draußen, um sein ganzes Jagdrevier auf Anwesenheit von potentiellen Konkurrenten zu kontrollieren. Weil er sich jagdlich am besten auskennt, muss er natürlich von Anfang an die führende Rolle übernehmen. Deshalb drängelt sich Ihr Hund vor, springt Sie an und bewegt sich aufgeregt. In einem Hunderudel initiiert meist der Ranghöchste die Jagd und zeigt deshalb am wenigsten Hemmung in seinen Bewegungsabläufen. Sich hemmungslos zu bewegen ist also ein Signal an rangniedrigere Sozialpartner. Nun gehen Sie los mit Ihrem Hund und siehe da, er fängt sofort an, an der Leine zu ziehen.

Kontrolle über den Rangniedrigeren

Sie denken natürlich „Guck, er möchte jetzt schon rennen" – das nächste Missverständnis. Er zieht an der Leine, weil er somit alle Aufgaben gleichzeitig erfüllen kann. Nämlich:

▸ Vorne gehen, also im Dominanzbereich, um die Führung zu haben. Derjenige, der vorne geht Richtung Jagdrevier, hat die Führung.
▸ Rangniedrigere abkontrollieren, denn das kann man am besten an straffer Leine, da man somit seine Augen frei hat für die anderen wichtigen Aufgaben.
▸ Schnuppern, um das Territorium zu kontrollieren und anschließend auch zu markieren.
▸ Orientierung an potentiellen Beutetieren durch Aufnahme von Fährten oder Bewegungsreizen.

Der Alltag vieler Hunde: Leine ziehen, vergebliche Aufforderung zur Jagd und der Versuch, sich dann eben selbst zu beschäftigen.

Die Jagd beginnt

Jetzt wird der Hund abgeleint und rennt erst mal los. Das ist reine Selbstdarstellung. Dann geht er im Zickzack und schnuppernd vor Ihnen her, damit Sie bloß im Unterordnungsbereich bleiben. Er markiert, während Sie weitergehen. Weil Sie nun vorne sind, galoppiert er mit strammem Rücken an Ihnen vorbei und rempelt Sie dabei leicht an. Jetzt nimmt er einen Zweig ins Maul und knabbert vor Ihrer Nase darauf herum. Abgeben will er ihn aber nicht. Weil Sie hier Ihrem Hund nicht hinterhetzen und den Zweig abnehmen oder eine andere Jagdform initiieren, bleibt Ihr Hund allein in seiner Jagdrolle.

Die Jagd bei Natural Dogmanship® kann überall und zu jeder Zeit beginnen. Lassen Sie einen Hund, der gerne schwimmt, den Preydummy auch aus dem Wasser apportieren.

Als Nächstes frisst er am Wegesrand etwas Gras. Auch hier reagieren Sie natürlich nicht mit Buddeln an der anderen Seite des Pfades, sondern gehen „instinktlos" weiter. Noch ein letztes Mal versucht Ihr Hund Ihnen zu zeigen, wofür er da ist und was er gemeinsam mit Ihnen tun möchte. Er buddelt vor Ihren Augen fanatisch bei einem Baum und zerrt die Wurzeln heraus, die er schüttelt. Auch hier genießen Sie nur seine „tolle Beschäftigung", ohne zu deuten, was wirklich gemeint ist: eine Aufforderung, gemeinsam zu jagen.

Der unfähige Jagdpartner

Schließlich verliert Ihr Hund die Hoffnung und macht sich selbstständig auf den Weg, seine Ziele zu erreichen. Nach zehn Metern schaut er noch einmal zurück, ob Sie noch brav folgen, und verschwindet dann aufgeregt schnuppernd in den Wald. Jetzt erst regen Sie sich auf und rennen „lautgebend" hinter Ihrem Hund her. Endlich zeigen auch Sie die Aufregung, die zur Jagd gehört, denkt Ihr Hund und fühlt sich bestätigt, weiter zu machen.

Während Sie rufen, kann er Ihre Position immer noch lokalisieren. Weil er es natürlich alleine nicht schafft, die Beute zu fangen, kommt er nach einer Weile bis auf 10 Meter zurück. Verärgert rufen Sie ihn nochmals zu sich. Er guckt Sie an, geht langsam zu einem Baum, hebt sein Bein, während er Sie weiter anschaut, und pinkelt. Dieser Urin war für Sie gedacht! Anschließend kommt er träge zu Ihnen zurück. So macht er klar, dass er entscheidet, wann er zurückkommt.

Egal wie und wo Sie „jagen",
Ziel ist es, gemeinsam Beute
zu machen. Sie als der Rang-
höhere sind es dann, der die
Beute verteilt – also den
Preydummy öffnet.

Nun leinen Sie ihn sofort an und gehen nach Hause. Ihr Hund „dackelt"
hinter Ihnen her, und Sie denken natürlich, dass er jetzt müde ist. Falsch
gedacht! Ihr Hund ist total enttäuscht, dass Sie so wenig Rückgrat haben
und jetzt schon aufgeben. Er hat es schon wieder nicht geschafft, Ihnen
das Wichtigste beizubringen. So kommt er frustriert nach Hause und
geht direkt in seinen Korb.

Sinnloses Verhalten üben

Aus der Sicht Ihres Hundes bringen Sie ihm völlig unwichtige, sinnlose
Sachen bei. Der Mensch hat den Eindruck, dass der Hund sich nicht
hinsetzen kann und er dies deshalb noch lernen muss. Dabei kann er das
schon längst. Das Gleiche gilt für sich hinlegen oder folgen. Was das
angeht, braucht man seinem Hund nichts beizubringen.

Ein Beispiel aus der Praxis *Da ruft mich ein neuer Kunde an und sagt:
„Mein Hund ist ein braver Hund. Er hat nur noch Schwierigkeiten, sich
hinzusetzen und hinzulegen. Wie kann ich ihm das beibringen?" Meine
Antwort: „Was würde Ihr Hund wichtig finden zu lernen? Die beiden
Dinge, die Sie erwähnt haben, kann er schon längst". Verständnislos
sagt er: „Aber ich bin doch hier bei einer Hundeschule."*

*Bei Natural Dogmanship®
gibt es keine Befehle nur
um der Unterordnung
Willen. Jedes Signal hat
eine strategische Bedeu-
tung auf dem Weg zum
gemeinsamen Jagderfolg.
Wie Ihr Hund die wichtig-
sten Jagdsignale lernt,
lesen Sie ab Seite 140.*

Was muss der Hund lernen?

Logischerweise ist es für den Menschen wichtig, dass sein Hund vernünftig bei Fuß geht, ohne an der Leine zu zerren, sich auf eine bestimmte Stelle hinlegt, auf seine Anweisung hin setzt, bevor die Straße überquert wird etc. Also trainiert man mit dem Hund Kommandos wie „Sitz", „Platz", „Fuß" und „Hier". Im so genannten „Unterordnungstraining" ist kein Freilauf oder Spielen gestattet. Auf dem Hundeplatz sollen oft bis zu fünfzehn Hunde gleichzeitig „lernen", fünfzehn Halter geben Kommandos, der Übungsleiter versucht, dabei den Überblick zu behalten. Die Übungen werden meist jedem Hund auf die gleiche Art und Weise beigebracht, ohne in irgendeiner Weise auf seine Individualität einzugehen.

Ist Unterordnung für den Hund sinnvoll?

Würde ein Hund in einem Rudel leben mit dem Hauptziel, sich unterordnen zu können? Nein! In einem Hunderudel gibt es keine Unterordnung nur um der Unterordnung willen. Genau wie es im Hunderudel Dominanz nie nur als eine reine Machtausübung gibt. Das würde nämlich für einen Hund keinen Sinn machen. In einem Rudel jedoch machen feste Rangordnungsstrukturen Sinn, da man nur dann erfolgreich bei der Jagd, dem gemeinsamen Hauptziel, zusammenarbeiten kann.

Was verlangt man jedoch dem Hund bei solchen „Unterordnungsübungen" ab? Reine Unterordnung? Meinen Sie, dass ein Hund sich Ihnen unterordnet, nur weil er auf Befehl reagiert? Vielleicht hat er nur erfahren, dass „unangenehme" Konsequenzen folgen, wenn er nicht gehorcht. Das heißt aber nicht, dass er von Ihrer Führung überzeugt ist – meistens eher das Gegenteil.

Die Trainingssituation aus der Sicht des Hundes

Was passiert mit einem Hund, der auf einem begrenzten Terrain mit zehn bis fünfzehn anderen Hunden und deren Besitzern in einer Trainingssituation „Unterordnungsübungen lernen" soll?

Zunächst bemerkt Ihr Hund, dass er Eindringling ist in einem Territorium von anderen Hunden. Da könnten zwei Sachen passieren.:Entweder versucht Ihr Hund, Ihnen klar zu machen, dass es besser wäre zu gehen. Oder aber er möchte den anderen Hunden klar machen, dass diese besser gehen sollten.

Selbstverständlich kann sich Ihr Hund unter diesen Umständen nicht auf die Übungen konzentrieren. Der Hund wird immer Hauptsachen von Nebensachen unterscheiden. In dieser Situation sind Sie erst mal Nebensache. Eine fatale Lernsituation!

Der Hund schränkt bei dieser Fuß-Übung die Bewegungsfreiheit der Frau ein. Ist das Unterordnung?

Im „Sitz" befindet sich der Hund schräg vor der Frau und lehnt sich bei ihr an. Er wird immer versuchen, ihr einen Schritt voraus zu sein.

Das Beispiel „Bei Fuß" *Weil Ihr Hund sich nicht konzentriert und an der Leine in die Richtung der anderen Hunde zerrt, nehmen Sie die Leine kurz, rucken an dieser und geben mit energischer Stimme das*

Kommando „Fuß!". Wenn Sie das zwanzigmal wiederholt haben, sind Sie angenervt, und Ihr Hund bekommt fast keine Luft mehr. Die Aufregung in dieser stressigen Situation führt zur Hyperventilation, was Erschöpfung zur Folge hat. Das halten Sie letztendlich für einen Erfolg, weil sich der Hund allmählich „beruhigt". Was hat Ihr Hund aber dabei gelernt? Eigentlich nichts, nur erfahren, dass es am einfachsten ist zu resignieren.

Der Hund sitzt in abverlangender Position. Jetzt lernt er noch einen neuen Trick ...

Ein menschliches Beispiel *Sie haben Probleme in der Beziehung mit Ihrer Frau. Bevor Sie sich nach einer neuen Partnerin umschauen, werden Sie es hoffentlich auch für richtiger halten, sich zunächst intern zu orientieren und die Probleme innerhalb der Beziehung gemeinsam zu lösen.*

... wie er dem Menschen das Kommando „Gib Leckerli" geben kann. Und der Mensch denkt: „Es funktioniert doch."

Interne Orientierung
Übertragen Sie das obige Beispiel auf den Hund: Sie haben Probleme in der Beziehung mit Ihrem Hund. Bevor Sie sich überhaupt intern orientieren, bringen Sie sich und Ihren Hund jedoch in eine Situation, in der der Hund sich nur extern orientieren kann – auf einem Hundeübungsplatz.

Die Konsequenz ist, dass sich die Beziehung zwischen Ihnen nicht verbessern kann und sich eventuell sogar eine Obsession anderen Hunden gegenüber aufbaut.

Sinnvoller wäre es doch, die Lernsituation so optimal wie möglich zu gestalten, nämlich eine Situation mit wenig Ablenkungsreizen herbeizuführen, damit Sie sich auf Ihren Hund konzentrieren können und Ihr Hund sich auf Sie konzentrieren kann.

Der ungehorsame Mensch

Der Herr Direktor mit dicker Zigarre im Maul.

Ein Gedankenspiel *Sie sind Direktor einer Firma und wollen natürlich den Überblick nicht verlieren, damit Sie zumindest die Endkontrolle haben. Sie werden nun aber durch Ihre Mitarbeiter im Büro eingeschlossen, damit sie ohne Ihre Kontrolle tun können, was sie selber für richtig halten. Weil Sie ziemlich überzeugt davon sind, dass das, was Ihre Mitarbeiter tun, nicht das Richtige für Ihre Firma ist, versuchen Sie, aus Ihrem Büro auszubrechen und machen Randale. Sie leiden also unter Kontrollverlust.*

Kontrollverlust

Sie sind Hund in einer menschlichen Familie und haben schon längst gemerkt, dass Sie dort besser die Führung übernehmen sollten. Jetzt passiert es, dass Ihre rangniedrigeren Rudelmitglieder Sie in der Wurfhöhle (Wohnung) einschließen, damit diese Ihre Aufgaben übernehmen und selbständig ohne Ihre Führung zur Jagd gehen können. Sie geraten in Panik, denn Sie leiden unter Kontrollverlust. Sie bellen noch „Halt, hier geblieben", aber nichts hilft. Deshalb versuchen Sie, aus Ihrer Wurfhöhle auszubrechen.

Will ich einem Kunden mit einem Hund, der innerhalb der Beziehung der Ranghöhere ist, klarmachen, dass der Hund seinem Besitzer nicht dieselben Freiheiten zugesteht wie dieser seinem Hund, benutze ich folgendes Beispiel:

Eine Beispielsituation *Ich habe den Hund des Kunden an der Leine. Der Kunde entfernt sich auf ca. 10 Meter, so dass der Hund ihn gut sehen kann. Der Hund nimmt meistens Imponierhaltung ein, wedelt mit erhobener Rute und bellt sogar in Richtung des Besitzers. Sobald ich dann den Hund von der Leine lasse, passiert meistens Folgendes: Der Hund galoppiert in Imponierhaltung zu seinem Besitzer, springt hoch, stupst diesen an und umkreist ihn.*

Warum? Was ist passiert? Der Hund hat seinen Besitzer dafür korrigiert, dass dieser sich Freiheiten herausgenommen hat, die ihm aus der Sicht des Hundes nicht zustehen. Das folgende Zitat von Frau Dr. med. vet. Dorit Feddersen-Petersen, Fachtierärztin für Verhaltenskunde und Tierschutzkunde am Institut für Haustierkunde an der Christian-Albrechts-Universität Kiel, erklärt Dominanz wie folgt:

Definition Dominanz *„Dominanz bedeutet, dass z. B. in einer Zweierbeziehung A regelmäßig die Freiheiten von B einschränkt bzw. sich selbst in hohem Maße Freiheiten zugesteht, ohne dass B etwas dagegen tut, sondern B akzeptiert seine Einschränkungen und akzeptiert die Freiheiten von A."*

Das heißt also, der Hund – laut Definition wäre er A – schränkt die Freiheit seines Besitzers – also B – ein, ohne dass der Besitzer etwas dagegen tut, er akzeptiert es sogar. Der Hund ist dominant über seinen Besitzer.

Noch ein Beispiel *In diesem Fall ist der Hund wieder (A) und Sie, der Hundebesitzer, sind (B): Ihr Hund bringt Ihnen seinen Ball, wirft ihn in die Luft, fängt ihn wieder, senkt vor Ihnen die Vorderpfoten und legt Ihnen den Ball vor die Füße. Kurzum, er fordert Sie zum Spielen auf. Jetzt nehmen Sie den Ball, und sofort stupst Ihr Hund Sie an. Erste Korrektur! Dann werfen Sie den Ball. Ihr Hund rennt hinterher, nimmt*

Auch der Welpe zeigt schon deutlich demonstratives Besitzverhalten und provokante Spielaufforderung.

*Der Mensch als Rang-
höchster beginnt und
beendet das Spiel – wie
auf Seite 121 beschrieben.*

*den Ball auf und spielt eine Weile damit herum, bevor er ihn wieder
zurückbringt. Er gibt Ihnen den Ball nur zögerlich ab. Jetzt zögern Sie
auch, bis Sie den Ball erneut werfen. Ihr Hund stellt sich vor Sie und
bellt Sie an. Zweite Korrektur! Sie gehorchen noch immer nicht. Jetzt
springt und stupst Ihr Hund Sie an und bellt schon energischer. Dritte
Korrektur! Jetzt aber dalli! Her mit dem Ball! Endlich werfen Sie den
Ball, wie es sich für eine gute „Ball-Wurfmaschine" gehört. Der Hund
rennt los, schnappt den Ball in der Luft, rennt an Ihnen vorbei, läuft zu
seinem Korb, kaut auf dem Ball herum und guckt Sie dabei an. „Ätschi!
Ich beginne und beende immer noch das Jagdspiel mit dir. Basta!"
Capito?*

Das freche Kind

Hunde sehen die kleineren, jüngeren Exemplare der Spezies Mensch als
viel frecher und somit provokanter an als erwachsene Exemplare dieser
Art. Kinder nämlich schleppen den ganzen Tag „Ersatzbeute" (Kinderspielzeug) mit sich herum. Sie bewegen sich viel hemmungsloser als
Erwachsene. Sie verlangen auf laute Art und Weise Aufmerksamkeit und
sind anscheinend für die erwachsenen Exemplare auch sehr wichtig.

**Alleine auf der Welt... Wenn
der Welpe einmal gelernt
hat, dass er ganz alleine den
Garten verteidigen muss
und dabei Erfolg hat, wird
er es immer wieder tun.
Lassen Sie Ihren Hund diese
Erfahrung nicht machen!**

Kinder haben meistens wenig Respekt vor dem Liegeplatz des Hundes und ignorieren den Hund auch oft in Begrüßungssituationen, da sie mit anderen Dingen beschäftigt sind. Sie rennen meistens schnell zur Haustüre, wenn der Vater heim kommt. Ebenso zeigen Kinder wenig Respekt vor dem eigenen Hund, aber auch vor fremden Hunden.

Der Hund erzieht die Kinder

Dies alles bedeutet für Hunde, dass man der Erziehung der Kinder mehr Aufmerksamkeit als der Erziehung von erwachsenen Exemplaren schenken muss. Daher halten sich so genannte „kinderliebe" Hunde auch sehr oft in der Nähe der Kinder auf und versuchen, erzieherisch auf das Spiel der Kinder Einfluss zu nehmen – wenn notwendig sogar oder ganz besonders in korrigierender Weise.

Allein auf der Welt

Sie haben einen acht Wochen alten Welpen gekauft. In der Wohnung bekommt Ihr Welpe logischerweise seine Liegestelle im Flur unter der Treppe. Ihr Welpe erkundet im Haus sein neues Umfeld, und Sie machen ihm sofort klar, dass Stromkabel, Bücher, Kinderspielzeug, Möbel etc. nicht als Knabbermaterialien erlaubt sind. Die ersten Tabus werden festgelegt. Natürlich haben Sie Ihren Garten als mögliche Freilauffläche für Ihren Hund eingezäunt, weil Sie gelesen und von Ihrem Züchter erfahren haben, dass Ihr Hund Freilauf braucht, um sich im Garten „austoben" zu können. Das ist natürlich auch ganz praktisch, wenn man sich mal gerade nicht um den Hund kümmern kann. Doch überlegen Sie nun einmal aus der Sicht des Welpen, was Sie ihm mit dieser neuen Situation über sein neues Rudel vermitteln.

Beschäftigen Sie sich auch im Garten mit Ihrem Welpen und bringen Sie ihm das Verhalten bei, das er auch später unterwegs zeigen soll.

Die „Wolfsburg" (Kynologos AG) ist ein guter Abenteuerspielplatz für Welpen.

Die ersten Erfahrungen

Jetzt ist Ihr Welpe allein im Garten und beschäftigt sich selbstständig mit Zweigen, Buddeln, Maulwurfshügeln, Komposthaufen etc. Er findet es komisch, dass er anscheinend als asozial lebendes Tier gesehen wird, das sich selbst erziehen muss. Aber was soll's. Er denkt noch, dass er sich an einer sicheren Stelle befindet, doch das hört schnell auf. Da kommen Spaziergänger am Grundstückszaun vorbei, die den Welpen putzig finden und ihn deshalb im Vorbeigehen „fixieren". Sofort gehen die Alarmglocken beim Welpen an. Eindringlinge auf dem Terrain! Sein Herz schlägt doppelt so schnell. Deshalb lässt er, wie er es seiner Mutter gegenüber tun würde, ein Alarmsignal hören, ein leises, unterdrücktes, stoßendes „Wuff". „Komisch, im Haus reagiert keiner auf mich. Haben die mich etwa nicht gehört? Mama wäre sofort da gewesen. Wahrscheinlich haben sie selber Angst vor diesen Menschen." Gleichzeitig bemerkt er, dass die Spaziergänger inzwischen vor ihm „geflüchtet" sind. Ein Erfolgserlebnis...

Der Welpe lernt

Ihr Welpe hat hier zwei wichtige Dinge erfahren. Erstens sind die Menschen im Haus keine richtigen Sozialpartner. Er weiß natürlich nicht, dass die Menschen im Haus sein Signal nicht gehört haben. Zweitens braucht man Menschen generell nicht so ernst zu nehmen, weil diese ja schon vor einem Welpen flüchten, der seiner Mutter nur ein Alarmsignal gibt.

Der nächste Tag, eine ähnliche Situation: Ein Kind mit Schulranzen kommt vorbei. Auf Grund der gestrigen Erfahrung traut sich Ihr Welpe jetzt – wenn auch noch etwas unsicher –, laut bellend in Richtung Zaun zu laufen. Das Kind erschrickt und geht daher schneller vorbei. Der Hund denkt nun: „Jetzt weiß ich, wie es geht, und hierbei brauche ich meine Menschen noch nicht einmal." Und nur, weil Sie das Bellen gehört haben, öffnen Sie jetzt ein Fenster und rufen: „Ruhe, Bello!"

Die Enttäuschung des Hundes

Die meisten Menschen reagieren erst dann, wenn sie selber ein Problem haben. Doch der Welpe hatte schon beim ersten Mal alleine im Garten Existenzangst. Er hat jedoch bemerkt, dass er allein eine Rolle zu erfüllen hat, die in einem Hunderudel nur von erwachsenen Tieren wahrgenommen würde. Er als Welpe soll plötzlich die Verteidigung des Territoriums gegen Rudelfremde übernehmen. Die Menschen befinden sich dabei, wie es eigentlich für ihn als Welpen richtig wäre, in der Wurfhöhle. Deshalb wird der Hund zukünftig auch nicht mehr auf Rufen aus der Höhle reagieren, wenn seine Existenz gefährdet ist. Er hat gemerkt: „Ich bin allein auf der Welt."

Stellen Sie sich vor, dass Sie nun schon zwei Jahre in der anfangs erwähnten Elefantenherde leben. Sie beherrschen die Sprache dieser Tiere aber immer noch unzureichend und werden selber von diesen auch nicht verstanden. Jetzt sehen Sie in der Steppe eine Gruppe von Menschen, die Sie verstehen können, und hören auch noch, worüber diese reden. Einige Menschen aus der Gruppe schauen in Ihre Richtung und laden Sie ein, zu Ihnen zu kommen. In welcher Gemeinschaft würden Sie wohl lieber leben?

Konflikte entstehen

Ähnlich geht es vielen Hunden. Außerdem müssen die meisten Hunde ihr „Familienrudel" führen, da sie selber keine Führung haben, die ihnen Schutz und Sicherheit gibt. Die meisten Hunde versuchen dies immer wieder vergeblich nach besten Instinktveranlagungen zu tun. Jedoch ohne Erfolg! Sie versuchen zu führen und sollen sich selber trotzdem dem Menschen fügen. Sie werden von ihren Menschen bestraft für Handlungen, die für sie völlig natürlich und deshalb selbstverständlich sind. Sie werden in Situationen gebracht, die sie natürlicherweise meiden würden, und wenn sie sich in diesen Situationen nicht menschengerecht verhalten auch noch korrigiert. Sie müssen auskommen mit „Sozialpartnern", die nach hündischen Normen total degeneriert sein müssen. Das alles ist für einen Hund kaum zu schaffen!

**Heulen im
Chor – enttäuschte
Hunde?**

**Der Hund zieht sich in seine
eigene Welt zurück.**

Wer ist
der Hund
nun wirklich?

Der Hund, ein sozial lebender Beutegreifer

Wir können erst dann den Bedürfnissen des Hundes gerecht werden, wenn wir diese kennen. Dazu ist eine ganzheitliche Betrachtung des Tieres Hund erforderlich. Körper, Instinktveranlagung und Persönlichkeit bilden eine Einheit. Somit kann man auch die Instinkte nicht getrennt voneinander sehen. Ich möchte zwar zunächst die Instinktveranlagungen einzeln beschreiben, jedoch hierbei auch gleich die Zusammenhänge erörtern.

Jagd-instinkt	Sozialer Rudel-instinkt
Territorial-instinkt	Sexual-instinkt

Jagdinstinkt

Der Jagdinstinkt ist das, was den Hund zum Hund macht. Seine ganze Anatomie ist, zumindest bei einem durchschnittlich proportionierten Körperbau, auf die beuteorientierte Jagd abgestimmt . Auch die Gebrüder Grimm wussten schon im Märchen „Rotkäppchen", wie die Sinnesorgane im Dienste der Nahrungsbeschaffung standen. Jeder erinnert sich bestimmt daran:

Großmutter, wieso hast du so große Ohren?
   Damit ich dich besser hören kann.
Großmutter, wieso hast du so eine große Nase?
   Damit ich dich besser riechen kann.
Großmutter, wieso hast du so große Augen?
   Damit ich dich besser sehen kann.
Großmutter, wieso hast du so einen großen Mund?
   Damit ich dich besser fressen kann.

Für den Wolf – oder Hund – heißt das, alle Sinnesorgane sind dazu ausgelegt, erfolgreich jagen zu können.

Angeborene Jagdverhaltensweisen bei der Jagd auf kleinere Beutetiere

Zu den angeborenen Jagdverhaltensweisen des Hundes gehört die Solitärjagd auf kleinere Beutetiere. Die typische Jagd auf eine solche Beute sieht so aus: Beim Stöbern werden Fährten aufgenommen, die verfolgt werden, bis der direkte Geruch des Beutetieres wahrnehmbar ist. Dann versucht der Hund, das Beutetier mit Hilfe seines Gehörs zu orten. Der Hund schleicht sich heran und verfolgt dann die Beute im Galopp. Ist die Distanz zwischen Hund und Beutetier gering genug, wird das Beutetier

mit einem Mäuselsprung angesprungen. Dabei wird die Beute mit den Vorderpfoten auf den Boden gestoßen und mit dem Maul gepackt. Die mit den Vorderpfoten auf den Boden gedrückte Beute wird ins Genick gebissen, wodurch sie getötet bzw. zumindest bewegungslos wird. Nach dem Totschütteln wird die Beute in Sicherheit gebracht. Beim Tragen wird die Beute mit den Backenzähnen durchgeknetet, damit die kleinen Knochen und Knorpel zerkleinert werden. Evtl. nicht gefressene Reste werden verbuddelt.

In jedem Hund steckt der Jagdinstinkt.

Lernen ist Voraussetzung für erfolgreiches Jagen

Es gibt aber nicht nur angeborene, sondern auch erlernte Jagdsequenzen. Schon im Welpenalter werden Jagdtechniken mit Wurfgeschwistern unter Anleitung der Elterntiere eingeübt. Hierzu benötigt der Hund seinen sozialen Rudelinstinkt, weil bei dieser Jagd die Kommunikation unabdingbar ist. Mit zunehmendem Alter verfeinert sich nicht nur die Kommunikation der Hunde untereinander, sondern es verfeinern sich auch die erlernten Jagdtechniken. Nur im Rudel kann erfolgreich auf

größere Beutetiere gejagt werden. Hier zeigt sich, wie wichtig die Funktion der Hierarchie im Rudel ist. Die Ranghöheren, also die erfahrensten Jäger, initiieren die Jagd und verteilen die Aufgaben. Dies nennt sich auch funktionelle Dominanz, die von rangniedrigeren Tieren akzeptiert werden kann, da sie zweckmäßig ist.

Jeder Hund hat noch auf irgendeine Weise bestimmte Jagdsequenzen in seinem Verhaltensrepertoir. So ist dieser Border Collie ein spezialisierter Jäger auf Großwild: Schafe.

Erlernte und angeborene Jagdverhaltensweisen bei der Jagd auf größere Beutetiere

Eine Herde von größeren Beutetieren wird von allen Rudelmitgliedern gemeinsam umkreist. Sobald die Herde sich in Bewegung setzt, also Fluchtverhalten zeigt, fängt die Hetzjagd an. Während dieser wird ein Beutetier, das sich abseits der Herde befindet, aussortiert und isoliert. Die Hunde stellen dieses Tier und beißen sich an ihm fest.

Die beiden geschilderten Jagdsequenzen stellen das Jagdverhalten sehr vereinfacht dar. Es gibt natürlich bei weitem mehr Verhaltenssequenzen bei der Jagd. Diese alle zu nennen würde jedoch den Rahmen dieses Buches sprengen. Hunderassen sind durch die Zucht auf unterschiedliche Sequenzen der Jagd spezialisiert worden.

Beispielhafte Aufzählung

- *Vorstehhunde* — *lediglich erste Jagdsequenzen = Aufspüren*
- *Hütehunde* — *Jagd auf größere Beutetiere in Zusammenarbeit*
- *Terrier, Schnauzer, Pinscher* — *Solitärjäger auf kleinere Beutetiere*
- *Herdenschutzhunde* — *Bewachen von Beutetieren, Verteidigung des Besitzes (Beute)*

Territorialinstinkt

Der Territorialinstinkt hat folgende Funktionen:

- Abgrenzung und Verteidigung des eigenen Territoriums
- Sicherstellung der eigenen Nahrungsquelle (Jagdrevier)
- Schutz für den eigenen Nachwuchs (Rudelerhaltung).

Folgende Verhaltenweisen haben territoriale Funktion:

- Durch Schnuppern wird das Revier auf evtl. anwesende Konkurrenten kontrolliert.
- Durch Absatz von Kot, Urin und Scharren wird das Revier markiert und in Besitz genommen.
- Welpen (ab der ca. 4.Woche) lösen sich in der Nähe der Wurfhöhle, damit sie von rudelfremden Hunden nicht gewittert werden können.
- Aggression gegenüber rudelfremden Eindringlingen in das Territorium.

Welpenschutz

Generellen Welpenschutz gibt es nicht! Rudelfremde Welpen werden ohne Bedenken in der Natur getötet, damit die Aufzucht des eigenen Nachwuchses besser gesichert ist. Nur die eigene Gruppe zählt, und somit gibt es Welpenschutz ausschließlich innerhalb des eigenen Rudels für den Nachwuchs der ranghöheren Hündinnen. Zum Glück zeigen jedoch sehr viele Hunde einen Verlust von Territorialinstinkt und haben daher sowohl fremden Welpen als auch erwachsenen Artgenossen gegenüber keine Tötungsabsicht.

Übung macht den Meister. Hier wird der Territorialstreit geübt, um dies später im Ernstfall erfolgreich umsetzen zu können.

Sexualinstinkt

Der Sexualinstinkt dient der Fortpflanzung und somit der Rudel- und Arterhaltung. Sexualverhalten ist angeborenes Instinktverhalten und muss nicht erlernt werden. Folgende angeborene Verhaltensweisen kann man u.a. beobachten:

Zeitpunkt/Zeitraum	Hündin	Rüde
Kurz vor und während der Hitze der Hündin	Markieren mit Urin	Kontrolle der Markierstellen von läufigen Hündinnen
Hündin noch nicht deckbereit	Abwehrreaktion beim Beschnuppern oder Aufreiten durch den Rüden	Versuche, die Hündin zu beschnuppern oder aufzureiten
Während der Hitze der Hündin	Präsentieren des Genitalbereichs Rüden gegenüber	Beschnuppern des Genitalbereichs der Hündin
	Gesteigerte Aggression gegenüber anderen Hündinnen	Gesteigerte Aggression gegenüber anderen Rüden
Hündin deckbereit	Präsentieren des Genitalbereichs und Animieren zum Deckakt	Erhöhte Libido, Belecken der erogenen Zonen, Vorspiel und Deckakt
Während der Trächtigkeit	Stärkere Dominanz Rüden gegenüber	Lässt Hündin den Vortritt beim Fressen.
Nach der Geburt	Abnabelung und parentales Versorgungsverhalten	Versorgung des Muttertieres mit Futter

Sozialer Rudelinstinkt

Wie bereits erwähnt ist der soziale Rudelinstinkt eher Mittel zum Zweck. Er hat folgende Funktionen:

▸ Funktionelle Zusammenarbeit bei der Jagd
▸ Gemeinsame Verteidigung des Territoriums
▸ Weitervererbung des besten Genmaterials durch Verpaarung der Ranghöheren
▸ Aufzucht und Erziehung der Welpen (Vorbildverhalten der Elterntiere, z.B. Jagd)
▸ Anpassungsfähigkeit durch soziales Lernen
▸ Basissicherheit des einzelnen Individuums durch soziale Hierarchie im Rudel
▸ Kommunikation der Hunde untereinander
▸ Vorbeugung von Aggression im eigenen Rudel

Sehr viele Verhaltensformen innerhalb der sozialen Kommunikation kommen ursprünglich aus dem Jagd-, Territorial- oder Sexualverhalten. Speziell vom Jagdverhalten herrührende Verhaltensformen spielen eine bedeutende Rolle bei der Kommunikation.

Der ranghöchste Rüde des Rudels liegt vorn. Er ist der Entscheidungsträger.

Verhaltensformen mit jagdlichem Ursprung

In den folgenden Beispielen haben Verhaltensformen ihren Ursprung in der Jagd, sie haben jedoch auch eine soziale Bedeutung bei der Kommunikation. Ich beschreibe die Verhaltensweisen des Hundes hier nicht im Kontext der Situation, in der Beziehung zum Kommunikationsempfänger oder im Umfeld etc., sondern lediglich als die reine Verhaltensweise an sich. Um das Verhalten Ihres Hundes richtig zu deuten, müssen Sie aber immer den gesamten Kontext mitberücksichtigen.

Anschleichen

Ist eine Jagdsequenz des Hundes vor dem Anspringen der Beute. Wenn dieses Verhalten innerhalb der eigenen sozialen Gruppe gezeigt wird, ist das eine Vorwarnung, bevor eine Korrektur erfolgt. Wird aber die Jagd geübt, bleibt dieses Verhalten spielerisches Training von Jagdtechniken. Eine andere mögliche Bedeutung des Heranschleichens sieht man beim Territorialverhalten Fremden gegenüber. Bei der Begrüßung ist es möglich, dass ein Hund sich an einen anderen Hund oder Mensch heranschleicht, um dem anderen gegenüber so Respekt und soziale Hemmung zu bezeugen.

Fixieren

Ist der intensive Augenkontakt zwischen Hund und Beute mit dem Ziel, die Beute auf der Stelle zu fixieren (wortwörtlich gemeint). Von Hund zu Hund hat das eine ähnliche Bedeutung. Dabei geht es darum, die Bewegung des anderen zu unterbinden, um auf diese Weise Dominanz auf ihn auszuüben.

Anspringen

Dient dem Stellen oder Attackieren der Beute. Innerhalb der sozialen Kommunikation gibt es drei mögliche Formen von Anspringen. Erstens hat es auch hier die Bedeutung, die Bewegungsfreiheit des Anderen einzuschränken, ist also eine korrektive Maßnahme. Zweitens ist es Teil des Territorialverhaltens in Form einer Attacke. Aus dem Sexualbereich kommt eine dritte Form des Anspringens, die den Zweck hat, dem anderen Aufmerksamkeit abzuverlangen. Diese Form sieht man z.B. bei läufigen Hündinnen, die Rüden so zum Hinterherjagen auffordern.

Der Westie wendet beschwichtigend den Blick ab, provoziert anschließend trotzdem ein Jagdspiel und flüchtet in die Sicherheit zwischen Frauchens Beine.

Dominanz

Sorgt für eine hierarchische Struktur im Rudel. Im Rudel gibt es dominante, weniger dominante und auch rangniedrigere (unterwürfige, submissive) Tiere. Innerhalb des Rudels haben diejenigen dominante Positionen, die damit einen Vorteil für die ganze Gruppe bewirken. Also steht die dominante Position des einzelnen Individuums im Dienst des gesamten Rudels. Kurz gefasst: Dominanz ist funktionell. Unterordnung um der Unterordnung willen gibt es unter Hunden nicht! Siehe hierzu auch S.55 unter „Sinnloses Verhalten üben".

Das Dominanzproblem

Viele Menschen, die in meine Hundeschule kommen, haben ein Problem damit, wenn sie erfahren, dass sie einen dominanten Hund haben. Das wollen sie meistens gar nicht hören, da sie mit Dominanz etwas Negatives verbinden (z.B. Aggression). Nochmals zitiere ich die Fachtierärztin für Verhaltenskunde, Frau Dr. Dorit Feddersen-Petersen. Ihre Definition von Dominanz lautet:

„Dominanz" *bedeutet, dass in einer Zweierbeziehung A regelmäßig die Freiheit von B einschränkt bzw. sich selbst ein hohes Maß an Freiheit zugesteht, ohne dass B effektiv etwas dagegen tut, sondern B akzeptiert seine Einschränkungen. Dominanz bezeichnet also eine Regelhaftigkeit in einer dyadischen (Zweier-) Beziehung. Sie ist dann gegeben, wenn A bestimmte Verhaltensweisen gegenüber B häufiger zeigt, als zufällig zu erwarten wäre. Dabei handelt es sich um Verhaltensweisen, die die Verhaltensmöglichkeiten, insbesondere die Bewegungsfreiheit, von B einschränken. A reagiert dabei auf das Verhalten von B, ohne durch dessen Verhalten eingeschränkt zu werden. B duldet*

Hochgezogene Lefzen – unsicheres Drohen.

*die Einschränkung ohne deutliche oder effektive Gegenwehr. Tatsäch-
lich ist Dominanz wesentlich vom Verhalten Bs abhängig, da dessen
Reaktion die Effektivität der Verhaltensweisen von A bestimmt. Dominanz ist andererseits die von B akzeptierte Verhaltensfreiheit von A,
z.B. die Freiheit, Bs Individualdistanz zu missachten. Als Kennzeichen
für Dominanz gelten alle Häufigkeiten von Verhaltensereignissen,
bei denen Hund A Hund B einschränkt oder A sich frei gegen B verhält."*

Wie aus dieser Definition hervorgeht, hat Dominanz natürlich wesentlichen Einfluss auf die Kommunikation von Hunden.

Kommunikation

Die Kommunikation hat nicht nur unter Hunden, sondern auch innerhalb
der Beziehung Mensch-Hund eine grundlegende Bedeutung. Man kann
dabei davon ausgehen, dass das kommunikative Verhalten von Hund zu
Hund nicht plötzlich eine andere Bedeutung hat, wenn es von Hund zu
Mensch gezeigt wird.

   Kommunikation lässt sich in vier unterschiedliche Formen unter-
teilen, die man allerdings nicht getrennt voneinander betrachten darf.

**Erhobene Rute – ernst
gemeint oder nur Bluff?**

Chorheulen

Unsicherheit

Offensives Drohen

**Unterordnungs-
mimik**

Olfaktorische Kommunikation *(Wahrnehmung durch die Nase)*	Einige Beispiele hierzu: ▸ *Markieren* ▸ *Aaswälzen* ▸ *Analwittern* ▸ *Genitalwittern* ▸ *Duftverbreitung durch Wedeln mit der Rute (Pecaudaldrüse)*
Auditive Kommunikation *(Wahrnehmung mit den Ohren)*	Einige Beispiele hierzu: ▸ *Wuffen (Alarmsignal)* ▸ *Bellen (Territorial-, Imponier-, Angst- oder Spiel-Bellen)* ▸ *Knurren (Warnsignal)* ▸ *Schmerzschrei* ▸ *Heulen*
Optische Kommunikation *(Wahrnehmung mit den Augen)*	Einige Beispiele hierzu: ▸ *Bewegung (Pfotgeste, Wedeln der Rute, Galopp, Schleichgang)* ▸ *Körperhaltung (Imponierhaltung, Drohgesten, T-Stellung, Unterordnungshaltung)* ▸ *Mimik (offensives Drohen, Unterordnungsmimik, Angstmimik)*
Taktile Kommunikation *(Wahrnehmung durch z.B. Hautnerven)*	Einige Beispiele hierzu: ▸ *Kopf auflegen* ▸ *Pfote auflegen* ▸ *Lecken* ▸ *Anstupsen, anspringen* ▸ *Kontaktliegen* ▸ *Drängeln* ▸ *Aufreiten*

Mit einigen Beispielen möchte ich veranschaulichen, dass es immer einen Komplex von mehreren kommunikativen Reizen gibt, die unterschiedlich kombiniert unterschiedliche Bedeutungen haben können.

Wedeln mit der Rute – optischer Reiz

Das Wedeln mit hoch erhobener Rute (optischer Reiz) drückt soziale Sicherheit aus. Innerhalb der eigenen sozialen Gruppe sieht man, dass dabei extremer, weiter ausholend gewedelt wird als im Fall von territorialem Drohverhalten. Bei Letzterem wird das Wedeln zwar in einer höheren Frequenz, aber weniger ausholend gezeigt. Mit erhobener Rute in der eigenen sozialen Gruppe zu wedeln, zeigt einen hohen hierarchischen Status. Je niedriger die Rute während des Wedelns gehalten wird, desto mehr drückt der Hund seine Unterordnung (Submissivität) aus. Eine niedrig getragene Rute kann aber auch Unsicherheit bedeuten. Bei Angst wird die Rute sogar unter den Bauch gezogen.

Wedeln mit der Rute – olfaktorischer Reiz

Warum wedeln ranghöhere Tiere mit erhobener, rangniedrigere Tiere mit gesenkter Rute? Bei einem Hund mit normalem Körperbau befindet sich ungefähr 10 bis 15 cm unterhalb des Rutenansatzes eine Drüse, genannt Pecaudaldrüse. Durch das Wedeln der Rute wird das in der Drüse befindliche Sekret verbreitet. Zum optischen kommt so ein olfaktorischer Reiz hinzu. Je höher die Rute dabei getragen wird, desto mehr Sekret wird an das Umfeld abgegeben. Die Geruchsverbreitung könnte man frei übersetzen mit „Rieche mich, denn ich bin sehr wichtig und möchte deine Aufmerksamkeit haben". Also wird dementsprechend wenig Sekret beim Wedeln mit niedrig gehaltener Rute verbreitet. Die unter den Bauch gezogene, nicht wedelnde Rute bedeutet sogar: „Achte nicht auf mich, ich möchte am liebsten gar nicht hier sein." Es gäbe noch viel mehr einzelne Bedeutungen der Rutenhaltung zu schildern, was jedoch den Rahmen des Buches sprengen würde.

Imponierendes Wedeln

Kopf auflegen

Kopf auflegen – auf die Position kommt es an

Legt der Hund seinen Kopf in den Nackenbereich eines anderen Hundes (taktiler Reiz), bedeutet das so viel wie „keinen Schritt weiter", also Dominanz. Dies wird häufig kombiniert mit unterdrücktem Knurren (auditiver Reiz) und aufgestelltem Kamm des Fells (optischer Reiz). Dabei wird der Nackenbereich des anderen zwischen Unterkiefer und Halsbereich fixiert (wiederum taktiler Reiz).

Kopf auflegen im hinteren Bereich des Rückens des Anderen bedeutet allerdings entweder das Antesten der Deckbereitschaft der Hündin, das der Rüde zum Teil mit „Fiepen" (auditiver Reiz) kombiniert, um seine sexuelle Erregung zu äußern, oder aber es ist eine Vorstufe des Aufreitens mit dominanter Bedeutung.

Notwehrangriff – defensive Aggression

Kommunikation mit feinsten Gesten

Die Kommunikation fängt im Welpenalter noch ziemlich grob an. Innerhalb eines Rudels wird im Laufe der Zeit die Kommunikation untereinander immer mehr verfeinert, so dass mit geringsten Andeutungen die Bedeutungen der Gesten zum Ausdruck gebracht werden können. So ist es auch bei uns Menschen. Ist man 80 Jahre alt geworden und hat 60 Jahre mit demselben Partner verbracht, reicht beim Aufwachen schon ein Blick des Anderen, um feststellen zu können: „Oh, heute besser nicht zu viel reden."

Betrachtet man allerdings die durchschnittlichen Entwicklungen in der Kommunikation zwischen Mensch und Hund, muss man feststellen,

Verharren in extremer sozialer Hemmung

dass in vielen Fällen die Kommunikation eher grober, sprich lauter wird. Diese Symptomatik symbolisiert die Diskommunikation mit dem Hund: Man ist unsicher, ob der Hund verstanden hat, und unterstreicht dies oft mit: „Er hört/gehorcht einfach nicht." Der Hund erwartet eigentlich, dass sich auch die Kommunikation von Mensch zu Hund immer mehr verfeinert. Deshalb die Frage: Wie schätzt wohl ein Hund seinen Sozialpartner Mensch ein, der so grob mit ihm kommuniziert? Als infantilisiertes Lebewesen – also Welpe – oder als unsicheren Rudelgenossen?

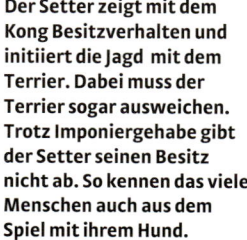

Der Setter zeigt mit dem Kong Besitzverhalten und initiiert die Jagd mit dem Terrier. Dabei muss der Terrier sogar ausweichen. Trotz Imponiergehabe gibt der Setter seinen Besitz nicht ab. So kennen das viele Menschen auch aus dem Spiel mit ihrem Hund.

Aggression und ihre biologische Funktion

Hunde haben je nach Veranlagung und Haltung unterschiedlich hohe Reizschwellen, auf deren Überschreiten sie mit aggressivem Verhalten reagieren können. Das heißt, dass sich der eine Hund schneller bedroht fühlt als ein anderer. Aggression wird dann gezeigt, wenn die Basissicherheiten gefährdet sind. Es gibt kein grundlegendes Bedürfnis, Aggression zu zeigen. Vielmehr gibt es die Notwendigkeit, die Basissicherheit durch die Befriedigung der Grundbedürfnisse zu gewährleisten.

Aggressionsvorbeugung durch Sicherung der Grundbedürfnisse

Sind die Grundbedürfnisse wie Jagderfolg, ein eigenes Territorium, eine klare Position im Rudel oder Sexualität nicht befriedigt, wird die existentielle Sicherheit bedroht. Die daraus resultierende Frustration kann sich in Aggression entladen. Das Ziel dabei ist, die Basissicherheit wiederherzustellen und somit die eigenen Bedürfnisse wieder befriedigen zu können.

Ein Beispiel hierzu *Wenn ein Rangordnungsproblem zwischen Mensch und Hund vorliegt und der Mensch plötzlich „revolutionär" versucht, die ranghöchste Position einzunehmen, baut sich beim Hund Unsicherheit über die weitere Existenz seines Rudels auf. Bislang hat der Mensch eigentlich nur bewiesen, nicht führen zu können. Also liegt es im Interesse des Hundes und in dem des ganzen Rudels, dass er weiterhin die Führung behält. Jede Provokation des Menschen dem Hund gegenüber baut seine Frustration weiter auf. Er verliert die Kontrolle und kann dann unter Umständen auf aggressive Weise eingreifen mit dem Ziel, sein Rudel wieder in den Griff zu bekommen.*

Aggression erzeugt weitere Aggression

Auch Erfahrungen mit dem sozialem Umfeld können dazu beitragen, dass Hunde schneller aggressiv reagieren. Von Elterntieren gezeigtes aggressives Verhalten wird von den Welpen häufig nachgeahmt. Auch vom Menschen können Hunde aggressives Verhalten übernehmen: Wenn Menschen auf aggressive Art und Weise mit ihren Hunden umgehen, reagieren auch die Hunde schneller mit Aggression. Leider sehen viele Menschen hierin eine Rechtfertigung für weitere Aggressionen ihrem Tier gegenüber. So entwickelt sich in einer solchen Beziehung eine aggressive Kultur, eine Art Teufelskreis, der schwer zu unterbrechen ist.

Aggression im Welpenalter

Auch in Welpenspielgruppen kann man beobachten, dass die Welpen untereinander spielerisch Rangordnungs- und Territorialstreit üben. Nimmt der Menschen hierauf zu wenig Einfluss, wird ein Teil der Welpen in solch einer Gruppe so viel Erfahrung mit aggressivem Verhalten machen, dass sie auch später in ähnlichen Situationen mit anderen Hunden dieses Verhalten – dann aber nicht mehr spielerisch – zeigen. Vor allem Welpen, die eine deutlich reduzierte Schmerzempfindlichkeit haben, bauen zu wenig Hemmung auf. Diese Welpen beißen oft schon im Spiel richtig zu. Der Verlust der Schmerzempfindlichkeit hat zur Konsequenz, dass diese Hunde meistens sozial weniger zu beeinflussen sind, was wiederum einen Verlust des Selbstschutzverhaltens bedeutet. Sie haben meistens eine sehr hohe Reizschwelle, bevor sie überhaupt ernst gemeinte Aggression zeigen. Wenn diese Reizschwelle aber überschritten wird, greifen sie rücksichtslos an.

Die Rolle der Hormone

Als Mann möchte ich hier noch gern etwas über Aggression im Zusammenhang mit Hormonen schreiben. Sehr viele Menschen glauben, dass männliche Hormone Hunde aggressiver machen. Auch bei Menschen führe eine Erhöhung der Testosteronproduktion zu mehr Aggressivität. Dies ist aus biologischer Sicht nicht richtig. Eine erhöhte Produktion von männlichen Hormonen führt zu einer gesteigerten Libido. Aber erst wenn die gesteigerten sexuellen Bedürfnisse nicht befriedigt werden und Frustration zur Folge haben, kann dies zu mehr Aggression führen.

Instinktveranlagung – lästig oder Kapital für die Erziehung ?

Jeder Hund kommt mit seinen natürlichen Instinkten auf die Welt. Viele dieser Instinkte braucht er allerdings in unserer Gesellschaft nicht mehr. Viel schlimmer noch: Das natürliche Verhalten des Hundes führt häufig zu Problemen mit seinem Umfeld.

Territorial- und Jagdinstinkt

Ein Beispiel *Die Besitzer eines neun Wochen alten Großen Schweizer Sennenhund-Welpen lachen vielleicht noch, wenn ihr „Kleiner" sich vor den Briefträger stellt und nicht mehr aufhört zu bellen. Wenn er allerdings drei Jahre alt ist und keinen Besucher mehr hereinlässt, macht man sich doch ernsthafte Gedanken darüber, ihn abzugeben, da er verhaltensauffällig geworden ist.*

Natural Dogmanship®
befriedigt schon vom
Welpenalter an das Jagd-
bedürfnis und nutzt es als
Kapital für die Erziehung.

Menschen wohnen heutzutage in relativ dicht besiedelten Gebieten so nah aufeinander, dass es vernünftig wäre, Hunde mit reduziertem Territorialinstinkt zu züchten.

Ein weiteres Beispiel *Eine Familie hat einen kleinen Beagle-Welpen. Beagles sehen niedlich aus, sind sozial verträglich und passen daher in eine Familie mit drei Kindern. Zuerst ist es auch putzig, dass er schon versucht, am Komposthaufen Mäuse zu fangen. Wenn er aber mit neun Monaten während eines Spazierganges abhaut und länger als eine Viertelstunde wegbleibt, ärgert man sich über diesen „ungehorsamen, asozialen" Hund.*

Sexualinstinkt

Ein häufiges Beispiel *Viele Menschen lachen noch, wenn sie sehen, dass ihr Hund ein Kissen mit den Vorderpfoten umklammert und versucht, sich an diesem zu befriedigen. Wenn er aber das Gleiche am Bein von Besuchern tut, wird das für sie schon richtig lästig und peinlich.*

Man muss davon ausgehen, dass Hunde genau wie Menschen sexuelle Bedürfnisse haben, die meisten Hunde diese Bedürfnisse aber nie komplett befriedigen dürfen. Man kann sich die Frustration vorstellen ... Diese Frustration kann dann unter Umständen entweder zu einer erhöhten Aggressivität gegenüber Sexualkonkurrenten oder zu penetranten Formen von Aufreitverhalten führen.

Hundeerziehung mit Natural Dogmanship®

Wieso aber halten Menschen sich Hunde, wenn sie diese als Lebewesen Hund im Ganzen nicht akzeptieren können? Man sollte viel mehr die Instinktveranlagungen als die Talente des Hundes sehen, die die Basis für sein Lernen bilden. Wäre es also nicht besser, seine Instinktveranlagung als Kapital seiner Erziehung zu nutzen? Genau das geschieht bei Natural Dogmanship®. Der Beutegreifer Hund wird als das erzogen was er ist: als Beutegreifer.

Probleme und ihre Symptome

Menschenprobleme versus Hundeprobleme

Die Probleme, die viele Menschen mit ihren Hunden haben, sind weitaus unbedeutender als die Probleme, die die meisten Hunde mit Menschen haben. In meine Hundeschule kommen sehr viele Kunden, die laut ihrer Aussage nur ein bis zwei Probleme mit ihrem Hund haben. Wenn ich dann versuche, dem Kunden die Ursachen der Probleme zu erläutern, bemerkt dieser meist, dass nicht nur er Probleme mit dem Hund, sondern auch der Hund Probleme mit ihm hat. Die folgende Tabelle soll verdeutlichen, was ein Problem, das der Mensch als solches sieht, für den Hund bedeuten kann.

Anspringen wird als Problemverhalten verstanden und viele Hundebesitzer verbringen Stunden damit, es ihrem Hund abzutrainieren. Dabei fragen Sie sich jedoch leider oft nicht „Warum springt mich mein Hund an?"

MENSCH	HUND
Mögliche Probleme des Menschen:	*Mögliche Probleme des Hundes:*
Hund zieht an der Leine.	*Ich habe Stress, da ich die Führung übernehmen muss.*
Hund zeigt an der Leine Aggressionen gegenüber Artgenossen.	*Ich schaffe es durch diese blöde Leine nicht, mein Territorium zu verteidigen.*
Hund haut beim Freilauf ab.	*Der Mensch beteiligt sich nie an der Jagd. Also muss ich das wohl allein tun.*
Hund springt Besucher an.	*Verstehen Menschen nicht, dass das meine territoriale Pflicht ist, da ich doch bei der Vordertüre liege? Wieso werde ich hierfür korrigiert?*
Hund knurrt Besucher an, zwickt oder beißt diese sogar.	*Wie schaffe ich es bloß, diese rudelfremden Eindringlinge aus meinem Territorium zu verscheuchen?*
Hund gehorcht nicht auf das Kommando „Hier".	*Ich bin sofort alarmiert und gestresst, wenn ich „Hier" höre, denn dann ist meistens ein anderer Hund, Fahrradfahrer, Jogger etc. in Sicht.*
Hund gehorcht nicht auf das Kommando „Platz".	*Wie schaffe ich es, diesem Menschen klarzumachen, dass ich nicht sinnlos herumkommandiert werden möchte?*
Hund versteht sich nicht mit anderen Artgenossen.	*Ich bin territorial, trotzdem werde ich tagtäglich mit rudelfremden Hunden, also Konkurrenz, in meinem Jagdrevier konfrontiert.*
Hund knurrt Mensch beim Füttern an.	*Ich muss doch als Ranghöchster mein Fressen verteidigen und somit die Rangordnung klarmachen.*
Hund jagt Katzen und andere Tiere.	*Ich bin doch schließlich ein Beutegreifer, der seinem Jagdinstinkt nachgeht. Trotzdem darf ich komischerweise nicht jagen.*
Hund maßregelt die Kinder des Besitzers.	*Wenn ich als Ranghöherer meine erzieherische Rolle den „frechen" Kindern gegenüber ernst nehme, werde ich hierfür noch bestraft. Aber keiner maßregelt die Kinder.*

MENSCH	HUND
Mögliche Probleme des Menschen:	*Mögliche Probleme des Hundes:*
Hund lässt keine Kinder an die eigenen heran.	Erstmal haben fremde Kinder hier nichts verloren. Und wenn die nun mal hier sind, muss ich dafür sorgen, dass sie meine Rudelgenossen in Ruhe lassen.
Hund zeigt destruktives Verhalten, wenn er allein ist.	Ich leide unter Kontrollverlust, wenn ich eingeschlossen bin, und zerstöre aus Frustration.
Hund bellt, wenn er allein zu Hause ist.	Ich akzeptiere das Eingeschlossensein nicht, weil es nicht zu meinem Status im Rudel passt.
Hund jault, wenn er allein zu Hause ist.	Ich habe Probleme damit, allein zu bleiben, da ich ein sozial abhängiges Tier bin.
Hund knurrt Spaziergänger an oder zwickt diese sogar.	Ständig wieder neu treffen wir Rudelfremde in unserem Jagdrevier, und ich habe den Stress-Job zu erledigen, diese zu verscheuchen.
Hund rennt Fahrradfahrern, Joggern oder sogar Autos hinterher.	Eine Kombination von Jagdfrustration und Territorialverhalten sorgt bei mir für dieses Verhalten.
Hund bellt viel im Garten.	Ich bin allein auf der Welt.
Hund frisst draußen alles, was herumliegt.	Komisch, wenn ich das gefunden habe, wofür man rausgeht, bekomme ich Ärger.
Hund kläfft, um Aufmerksamkeit zu erregen.	Ich will doch nur die mir als Ranghöherem zustehende Aufmerksamkeit abverlangen.
Hund ist total nervig und hektisch („geht über Tische und Bänke").	Ich bin total im Stress, da ich in meinem Rudel keine Sicherheit und keinen Schutz durch klare Rangordnungsstrukturen finde.

Diagnose der Hauptprobleme anhand von Symptomen

Wie gesagt kommen in meine Hundeschule sehr viele Kunden, die laut eigener Aussage nur ein bis zwei Probleme mit ihrem Hund haben. Wenn ich versuche, ihnen die Ursachen dieser Probleme zu erläutern, bemerken sie meistens, dass sie nicht nur ein bis zwei Probleme, sondern meist mindestens ein Hauptproblem mit mehreren Subproblemen (Symptomen) haben. Das Gute daran ist aber, dass man anhand der Ursachen – also dem Hauptproblem – mögliche Lösungen für die verschiedenen Symptome – die Subprobleme – erarbeiten kann. Lesen Sie im Folgenden zwei Beispiele hierzu:

Analyse

Symptom:
Beißen von anderen Rüden mit Tötungsabsicht

Hauptproblem:
Falsche Rangordnung zwischen Besitzerin und Leonberger Rüden

Ursachen:
Rudelformung zwischen Leonberger Rüden und beiden Hündinnen starke Territorialveranlagung = meistens dominante Hunde

Auslöser:
Kontrollverlust über die zwei nicht anwesenden Hündinnen

Beispiel 1 *Eine Kundin hat einen ca. 4-jährigen, nicht kastrierten Leonberger Rüden. Normalerweise geht sie gemeinsam mit zwei Freundinnen, die jeweils eine Hündin haben, spazieren. Wenn sie in dieser Situation auf ihrer Route einem anderen Rüden begegnet, geht er auf diesen mit erhobener Rute zu, schnuppert im Analbereich des anderen und geht dann weiter. Wenn sie auf der gleichen Route allein mit ihrem Rüden spazieren geht, verhält sich der Hund gegenüber anderen Rüden allerdings ganz anders: Er beißt den anderen Rüden direkt im Nackenbereich und schüttelt ihn. Auch wenn der andere Hund sich unterzuordnen versucht, hört er damit nicht auf.*

Aaswälzen ist Selbstdarstellung und ist eine Art Parfümierung – so wie wir uns parfümieren, bevor wir ausgehen. Damit möchte man die Aufmerksamkeit auf sich lenken.

Erklärung

Ein Leonberger ist ein Hund mit viel Territorialinstinkt und daher meist dominant veranlagt. Wenn er mit seinem „Harem" – also den beiden ihm vertrauten Hündinnen – ohne menschliche Führung (die Besitzer unterhalten sich und überlassen die Hunde sich selbst) im eigenen Territorium unterwegs ist, kann er anderen Rüden auf souveräne Art zeigen, dass sie sich von seinen Hündinnen fern halten müssen.

Wenn er ohne die Hündinnen und wiederum ohne menschliche Führung in seinem Territorium auf einen anderen Rüden trifft spielt sich in seinem Kopf folgendes ab: Es könnte sein, dass die Hündinnen sich vielleicht irgendwo anders im Territorium aufhalten. Er hat also in diesem Moment keine Kontrolle über die Hündinnen. Deshalb sind für ihn andere Rüden in dieser Situation richtig ernst zu nehmende sexuelle Konkurrenten, die er ausschalten muss.

Beispiel 2 *Ein Kunde schilderte mir folgendes Problem: Wenn es an der Tür klingelt, stürmt seine Border Collie-Hündin energisch bellend und knurrend von ihrer Liegestelle unter der Treppe im Flur zur Haustüre. Wenn er dazukommt, schafft er es nicht, sie zu beruhigen. Sobald er die Türe öffnet, rennt die Hündin an dem Besuch vorbei und zwickt diesen in die Fersen. Ansonsten hält sie einen Abstand von zwei Metern ein und knurrt den Besuch an. Bei jeder Bewegung zeigt sie erneut die Neigung zu zwicken. Deshalb sperrt er sie anschließend als Strafe in ein anderes Zimmer ein.*

Analyse

Symptom:
Bellen an der Tür und Zwicken von Besuchern

Hauptproblem:
Falsche Rangordnung zwischen Besitzer und Border Collie-Hündin

Ursachen:
Authentischer sozialer Rudelinstinkt kombiniert mit normaler territorialer Veranlagung, Fehlkonditionierung, falsche Liegestelle, soziale Deprivation (Entzug von Kontakt mit Fremden).

Auslöser:
Signal Türklingel + Reaktion des Menschen darauf

Erklärung:

Ein Border Collie ist ein Hütehund, der gezüchtet wurde, um in sozialer Zusammenarbeit mit Rudelgenossen im eigenen Territorium auf Groß-wild zu jagen (begrenzt auf die ersten Sequenzen der Jagd). Er hat noch einen sehr authentischen Rudelinstinkt. Das heißt, dass nur die eigene Gruppe zählt und Rudelfremde erst einmal eine Bedrohung darstellen. Weil ein Border Collie im Sozialverband ziemlich abhängig ist und sich deshalb leicht unterordnet, hat er nicht ausreichend Veranlagung, um Rudelführer sein zu können. Durch die Liegestelle der Hündin im

Penny, der kleine Mischlings-hund, ist aggressiv, wenn sie an der Leine gehend anderen Hunden begegnet. Trägt sie bei einer solchen Begegnung aber einen Preydummy im Maul, geht sie freidlich an dem anderen Hund vorbei.

Eingangsbereich des Hauses wird diese aber eindeutig beauftragt, die Verteidigung des Territoriums zu übernehmen. Da dies bekanntlich eine Aufgabe für Ranghöhere ist, wird eine falsche Rangordnung zwischen Hündin und Besitzer kreiert. Mit dieser Position ist sie überfordert. In ihrer Rolle als „Rudelführerin" verteidigt sie das Territorium vor Eindringlingen. Ihr rangniedrigerer Besitzer jedoch lässt diese einfach hinein. Dies löst bei der Hündin Unsicherheit und deshalb Stress aus. Sie hat Folgendes miteinander verknüpft: Geräusch der Türklingel = Eindringling in das eigene Territorium + Verhalten des Besitzers (lässt Eindringling herein) + Sozialentzug (Wegsperren).

Symptombehandlung oder: Wie hilft man dem Menschen?

Leider beschäftigt man sich sehr oft nicht mit den Ursachen von Problemen, sondern nur mit der Symptombehandlung, also der Bekämpfung von Symptomen. Das heißt, dass man in diesem Falle die Probleme „abstellt", die Menschen mit ihren Hunden haben, nicht aber die tatsächlichen Ursachen dafür.

Ein Beispiel zur Veranschaulichung *Sie haben sehr oft Kopfschmerzen (Symptom) und gehen deshalb zum Arzt. Ihr Arzt sagt Ihnen, dass das nicht so schlimm sei und Sie am besten Kopfschmerztabletten (Symptombehandlung) dagegen einnehmen sollten. Mit der Einnahme der Tabletten (Symptombehandlung) werden Ihre Kopfschmerzen effektiv unterdrückt. Nach zwei Monaten werden Ihre Kopfschmerzen jedoch so unerträglich, dass auch die Tabletten nichts mehr nützen und Sie noch einmal zum Arzt gehen. Dieser stellt nun fest, dass Sie eine starke Nackenverspannung haben (Ursache) und einen Orthopäden aufsuchen müssen (bisher vergebliche Symptombehandlung).*

Nehmen wir noch einmal das erste Beispiel mit dem Leonberger Rüden aus dem vorigen Abschnitt (S. 84). Symptom war in diesem Beispiel das Beißen von anderen Rüden mit Tötungsabsicht. Eine typische Symptombehandlung wäre vielleicht der Einsatz von Diskscheiben, eventuell kombiniert mit dem Tragen eines Maulkorbs. Sofern dieser souveräne Rüde hierauf nicht reagiert hätte, würde man vielleicht sogar ein Stromhalsband (ein so genanntes Teletakt-Gerät) zur Bekämpfung des Symptoms einsetzen.

Wirkungslose Symptombehandlung

Mögliche Konsequenzen hieraus: Die Probleme des Rüden bleiben weiterhin, verstärken sich, und ein weiteres Problem kommt hinzu. Da er sich durch Einsatz der obigen „Hilfsmittel" nicht mehr traut, andere Rüden zu attackieren, baut sich Frustration auf, erst recht dann, wenn die anderen Rüden sich daher an seine Hündinnen heranwagen. Die immer mehr aufgestaute Frustration wird sich in einer anderen Situa-

„Tonnen treiben" ist eine mögliche Alternative, wenn man einen Treibhund aber keine Kühe hat. Dieser Australian Cattle Dog wird von seiner Bezugsperson dirigiert und selektiert die entsprechende Tonne.

tion entladen. Das kann auf verschiedenste und unvorhersagbare Weise erfolgen, z.B. in Form von Aggression gegen eigene Familienmitglieder, andere Tiere innerhalb des eigenen Rudels etc.

Die Frustration kann allerdings so groß werden, dass er einige Zeit nach der „Therapie" trotz allem plötzlich doch einen fremden Rüden attackiert. Das passiert dann meist noch viel heftiger als zuvor und kann direkt zum Tod des anderen Rüden führen. Er sieht nämlich jetzt diesen Rüden nicht mehr nur als sexuellen Konkurrenten, sondern auch als gefährlich an, weil er diesen mit den negativen Reizen innerhalb der Therapie assoziiert hat.

Psychoterror für den Hund

Wenn man lediglich auf die Probleme der Menschen orientiert ist und sich deshalb ausschließlich mit Symptombehandlung beschäftigt, ist das „Psychoterror" für den Hund. Stattdessen ist die Grundvoraussetzung einer erfolgreichen „Problembehandlung", die Ursachen für ein Problemverhalten zu finden und so das Problemverhalten zu beseitigen. Ein Hund ist kein Versuchskaninchen, an dem man alle möglichen Tricks und Hilfsmittel ohne fachlich fundierte Beratung ausprobieren kann. Das könnte für den Hund verheerende Folgen haben. Außerdem müssen Menschen akzeptieren, dass es Ursachen für Problemverhalten gibt, die man nicht mehr revidieren kann. In solchen Fällen kann man das Problemverhalten nur mildern, nicht aber beseitigen. Dies kann z.B. der Fall sein bei erheblichen Entwicklungsstörungen im ersten Lebensjahr des Hundes (z.B. Kaspar-Hauser-Syndrom).

Der Mensch mit Scheuklappen

Viele Menschen sind sehr dankbar, wenn Probleme mit ihren Hunden anhand der oben erwähnten Symptombehandlung rasch beseitigt werden. Meist erzielt man hierbei auch einen schnellen Erfolg – der sich allerdings später nur als vorübergehend herausstellt. Außerdem ist es vielen doch recht angenehm, dass man dabei nicht groß nachdenken, umdenken, Situationen anpassen oder womöglich seine komplette Einstellung gegenüber dem Hund ändern muss.

Kurzum: Ein zufriedener Hundebesitzer – bis sich durch die Symptombehandlung ausgelöste Probleme manifestieren. Wie gut, dass die „zufriedenen" Hundebesitzer nicht nachvollziehen können, woher die neuen Probleme kommen. Denn diese Menschen tragen, oft ohne es zu wollen, Scheuklappen. Doch wieso haben so viele Menschen eigentlich einen Hund? Und warum sagt fast jeder Hundebesitzer, dass sein Hund für ihn ein Sozialpartner sei? Ein Freund, ein Kumpel! Ist das dann alles gelogen? Hoffentlich nicht! Wird der Hund als Sozialpartner gesehen, müssen nicht nur die Probleme des Menschen, sondern vor allem auch die des Hundes gesehen werden! Wer diese Einstellung seinem Hund gegenüber hat, denkt auch beziehungsorientiert.

Zur Änderung bereit sein

Ein jeder kann nachvollziehen, dass es wenig Sinn macht, wenn man innerhalb einer Beziehung von seinem Partner verlangt, dass dieser sich als Einziger ändert, man selbst aber dazu nicht bereit ist. Wenn ich so viel Einfluss auf meinen Partner haben möchte, dass er sich ändert, muss ich mich selber und meine Einstellung zu ihm meistens auch stark ändern. Ansonsten bleibt alles wie gehabt – oder wird noch schlimmer. Das Gleiche gilt auch innerhalb der Beziehung Mensch-Hund. Einseitige Problemlösungen gibt es in einer guten Beziehung auch mit einem Hund nicht. Andernfalls werden die Bedürfnisse des anderen – in diesem Fall also des Hundes – übersehen. In vielen Fällen ist also Umdenken angesagt, auch wenn es manchem nicht ganz leicht fallen mag. Ansonsten bleibt aber der Hund auf der Strecke!

Dressieren, Tricks beibringen oder erziehen?

Was ist Konditionierung?

Konditionieren heißt, durch Einwirken auf ein Individuum sein Verhalten zu beeinflussen und dieses Verhalten anhand von bestimmten Bedingungen (Konditionen) zu ändern. Es gibt verschiedene Formen von Konditionierung. In der Verhaltensbiologie unterscheidet man zwei Formen: die klassische und die operante Konditionierung. Das unten näher beschriebene instrumentelle Lernen wird in der Verhaltensbiologie mit der operanten Konditionierung gleichgesetzt. Ich möchte Ihnen hier die wesentlichen Unterschiede zwischen diesen drei genannten Konditionierungsformen erläutern.

Formen der Konditionierung

Tertiär
Operante Konditionierung

Sekundär
instrumentelles Lernen

Primär
Klassische Konditionierung

Ist man ausschließlich damit beschäftigt, seinem Hund Tricks beizubringen, wird er nie auf seine natürlichen Talente und auf seinem persönlichen Niveau angesprochen.

Klassische Konditionierung

Über-Schnauzgriff

Klassische Konditonierung nimmt Einfluss auf die Häufigkeit von Reflexverhalten. Reflexverhalten ist das meist primäre Verhalten und hat keine soziale Funktion. Es wird nicht gesteuert durch das Großhirn, sondern durch das vegetative Nervensystem. Es dient der Selbsterhaltung und somit dem Selbstschutz des einzelnen Individuums. Beispiele für Reflexverhalten sind: Schmerzreflex, Schreckreflex, Speichelreflex (Pawlow-Versuche), Kältereflex etc. Der Schmerzreflex dient dazu, weiteren Schmerzen vorzubeugen. Der Schreckreflex dient dazu, sich vor einer eventuellen Bedrohung fernzuhalten. Der Speichelreflex dient dazu, den Organismus auf die Verdauung vorzubereiten. Der Kältereflex dient dazu, weiterer Abkühlung vorzubeugen und die eigene Körpertemperatur zu halten.

Auch unter Hunden gibt es klassische Konditionierung

Die Imponierhaltung des stehenden Hundes reicht aus, um bei dem anderen Tier submissives Verhalten auszulösen.

Auch in der arttypischen Erziehung von Hunden untereinander findet klassische Konditionierung statt, z.B. beim Kreieren von Tabus. Dabei wird mit einem „Nackenstoß" oder dem „Über-Schnauzgriff" Reflexverhalten ausgelöst. Während diese Korrektur ausgeübt wird, wird auch eine dementsprechende Körperhaltung, Gestik, Lautgebung und Mimik gezeigt. Als Reaktion zeigt der Unterwürfigere nach dem ersten Reflex Submissivitätsgesten dem Ranghöheren gegenüber. Später reichen die bei der Korrektur gezeigten Gesten aus, um soziale Submission auszulösen, ohne dass eine körperliche Korrektur angewandt wird. Mimik, Gestik, Körperhaltung oder Lautgebung dienen dann als Mitteilung: „Achte auf mich, denn ich meine es ernst." Auch diese Form der klassischen Konditionierung ist unumgänglich in der Erziehung des Hundes durch den Menschen. Von Hund zu Hund ist dabei immer klar, woher der Negativreiz kommt – im Gegensatz zur Anwendung von Fernkorrekturmitteln in der Hundeerziehung.

Dingo zeigt mir durch seine dominante Körperhaltung (erhobener Rute und Kopf, aufgerichtete Ohren), dass er mich nicht so ernst nimmt.

Reflexverhalten ist nicht veränderbar

Wie und in welcher Form Reflexverhalten gezeigt wird, kann man nicht beeinflussen. Lediglich die Häufigkeit dieses Verhaltens lässt sich beeinflussen. Da Reflexverhalten sich in seiner Form nicht beeinflussen lässt, kann man hierbei nicht von einem Lernprozess reden.

Beispiel „Erlernen" des Kommandos „Bei Fuß" *Der Hund ist angeleint und soll bei diesem Kommando an lockerer Leine links neben seiner Bezugsperson gehen. Oft wird leider noch immer das Kommando mittels Leinenruck „beigebracht". Das Kommando wird meistens mit plötzlicher lauterer Stimme auf Betonung „uß" ausgesprochen, sobald der Hund das erwünschte Verhalten gerade nicht zeigt. Dabei wird häufig gleichzeitig ein Leinenruck ausgeübt. Obwohl der Hund das Kommando noch nicht kennt, wird er schon mit Leinenruck und energischer Stimme korrigiert (bestraft). Der Hund lernt hierbei nicht das Kommando „Bei Fuß". Er hat nämlich gar nichts gelernt. Er hat nur erfahren, dass er diese negativen Reize (Schreck und Schmerz) meiden kann, indem er nicht nach vorne geht oder an der Leine zieht.*

Natural Dogmanship® verzichtet auf viele Hilfsmittel der klassischen Konditionierung. Wie Sie Ihrem Hund auf ganz natürliche Weise Signale wie zum Beispiel „Bei" beibringen, erkläre ich ab Seite 148.

Der Hund bringt also den Schmerz- und Schreckreflex mit dem Kommando „Bei Fuß" in Verbindung und verknüpft dies mit der Funktion „Selbstschutz". Hört er später das Kommando, werden wieder die gleichen Reflexe – also Selbstschutzverhalten – ausgelöst. Leider habe ich in meiner ahnungslosen Vorzeit meine damalige Leonberger Hündin auf ähnliche Weise klassisch konditioniert, damit diese „Bei Fuß" ging. Bei Laya ist der Reflex zum Schluss schon ausgelöst worden, wenn sie nur das Geräusch der Würgekette gehört hat. Im Rückblick eine sehr traurige Situation für meine Hündin.

Durch mein dominantes Fixieren bringe ich ihn dazu, unterwürfiges Verhalten (Rute und Kopf tief, Ohren etwas zurück) zu zeigen.

Beziehungslos

Diese Form der klassischen Konditionierung ist nicht beziehungsorientiert! Da Schmerz- oder Schreckreflexe immer in Stresssituationen gezeigt werden, verringern diese die Aufnahmefähigkeit für soziale Reize. Auch der Mensch ist in dieser Konditionierungsform nicht auf Kommunikation orientiert, sondern eher auf das Einschränken der Möglichkeiten eines anderen Individuums. Dem Hund wird nichts beigebracht, sondern eher etwas genommen. Ich habe in meinem Beispiel nicht das Kommando „Bei Fuß" beigebracht, sondern habe dem Hund eher die Möglichkeit genommen, nach vorne zu gehen, zurückzubleiben, seitlich auszuweichen, an der Leine zu ziehen etc.

Klassische Hilfsmittel

Die meist verwandten „Hilfsmittel" der klassischen Konditionierung sind Diskscheiben, Master-Plus, Teletakt, „Gentledog", Stachelwürger, Wurfkette, Zwille, Klapperbüchse etc. Diese Gegenstände sind nur Hilfsmittel der Menschen, helfen dem Hund jedoch nicht. Sie haben nichts mit einer arttypischen Kommunikation gemein.

Diskscheiben – eines der Hilfsmittel bei der klassischen Konditionierung

Andere Möglichkeiten finden

Sofern andere Möglichkeiten vorhanden sind, sollte man versuchen, auf klassische Konditionierung zu verzichten. Nur wenn Verhaltensmuster schon so festgefahren sind, dem Hund andere alternative Verhaltensmuster schon beigebracht wurden, könnte man klassische Konditionierung anwenden. So kann der Hund auf die erlernten Alternativen zurückgreifen, wenn durch klassische Konditionierung das festgefahrene Verhaltensmuster durchbrochen wird.

Für mich ist der Einsatz von klassischer Konditionierung immer ein Zeichen davon, dass ich an meine Grenzen stoße. Obwohl verschiedene Hundebesitzer erst dann richtig zufrieden sind, habe ich gerade deshalb ein schlechtes Gefühl, weil ich weiß, dass ich in diesem Falle nichts Positives für die Mensch-Hund-Beziehung getan habe.

Instrumentelles Lernen

Unter instrumentellem Lernen verstehe ich eine situationsbezogene Konditionierung. Nicht die Beziehung zwischen Mensch und Hund bestimmt die Verhaltensabläufe, sondern ausschließlich die Situation, von der der Mensch nur ein Teil ist. Meines Erachtens wird beim instrumentellen Lernen der Mensch zum Instrument und der Hund zu einer programmierbaren Maschine degradiert.

Mal wieder ein Beispiel *Sie versuchen Ihrem Hund das Kommando „Sitz" beizubringen und gehen davon aus, dass dieses Kommando ein Unterordnungskommando ist. Mit einem Leckerli in der Hand stehen Sie vor Ihrem Hund. Nun darf er an dem Leckerli riechen, und Sie nehmen dabei die Hand nach oben. Ihr Hund guckt hoch, setzt sich, und Sie stecken ihm ein Leckerli ins Maul. Dann gehen Sie einige Schritte weiter und wiederholen das Ganze. Ihr Hund setzt sich jedes Mal hin und bekommt direkt ein Leckerli von Ihnen. Beim nächsten Mal zögern Sie mit dem Leckerli. Und siehe da, Ihr Hund steht auf und setzt sich nochmals hin. Immer noch geben Sie nichts. Er springt auf, stupst Sie an, setzt sich direkt an Ihr Bein und gibt Ihnen das Kommando „Leckerli her".*

Wie Sie bei der Übung „Sitz" nicht zum „Leckerli-Automaten" für Ihren Hund werden steht auf Seite 142. Wie man einem Hund etwas beibringt ist letztendlich auch eine ethische Frage.

Wer lernt hier was?

Sie denken vielleicht, dass Sie Ihrem Hund das Kommando schnell beigebracht haben. Was aber haben Sie eigentlich Ihrem Hund vermittelt? Er hat gelernt, dass Hinsetzen ein Kommando für den Menschen (= Futterautomat) ist, woraufhin dieser ein Leckerli abgibt. Je penetranter er das Kommando gibt, desto größer ist die Chance auf Erfolg. Also gibt der Hund dem Menschen ein Unterordnungskommando „Leckerli her – dalli!". Wer ordnet sich nun wem unter?

Instrumentalisierung der Beziehung: Der Mensch als Futterautomat.

Das Rudel jagt gemeinsam, wobei der Mensch die Rolle des Vorjägers übernimmt.

Mit der „Leckerli-Methode" kann man seinem Hund ruckzuck unendlich viele Tricks beibringen. Der Mensch verlangt die Tricks (Sitz, Platz, Fuß, Pfote) und denkt, dass der Hund schon mit Leckerchen und Streicheleinheiten glücklich ist. Ich sehe, dass man auf diese Weise seinen Hund herunterstuft als ein primitives Wesen, das nur auf Leckerlis orientiert ist. Er hat aber noch ganz andere Bedürfnisse. Wie würden Sie sich fühlen, wenn Ihr Chef Ihnen eine völlig simple Frage stellt, die Sie natürlich beantworten können, Sie dafür überschwenglich gelobt werden und sogar noch ein Bonbon bekommen? Würden Sie Ihren Chef dann noch ernst nehmen?

Instrumentelles Lernen hat Konsequenzen für die Mensch-Hund-Beziehung. Jedoch nicht die, die wir uns vielleicht vorstellen.

Der Hund als abqualifiziertes, eingeschränktes, primitives Tier

Hunde können denken! Wenn der Hund nun ausschließlich mittels klassischer Konditionierung Kommandostrukturen vermittelt bekommt, erhält er nicht die Chance, in einer stressfreien Situation Kommandos zu erlernen. Wissenschaftlich bewiesen ist, dass unter negativen Stressbedingungen die Aufnahmefähigkeit sehr begrenzt oder gar gleich Null ist. Erst dann, wenn die Basissicherheit gegeben ist und kein Schreck- oder Schmerzreflexverhalten mehr gezeigt werden muss, kann ein Hund sich mit seinem Instinktverhalten beschäftigen und sich sozial orientieren.

Die Hunde werden unterschätzt

Innerhalb dieser Formen des Trainings werden Hunde unterschätzt und ihre potentiellen Möglichkeiten auf Grund ihrer Veranlagungen leider nicht für die Erziehung eingesetzt. Stattdessen werden diese Veranlagungen sogar häufig noch unterdrückt.

Es ist falsch zu denken, dass der Hund schon funktioniert, wenn man einfach genügend Leckerli „einwirft" wie in einen Automaten, den man programmieren kann. Es ist falsch, sich keine Gedanken darüber zu machen, dass der Hund ein Wesen ist, das sehr wohl denken kann. Und man sollte einmal überlegen, wie der Hund den Menschen sieht, wenn er ihn „bedienen" kann, als wäre er ein Futterautomat, der auf „Knopfdruck" Leckerlis auswirft.

Operante Konditionierung

Operant konditioniertes Verhalten ist durch Sozialpartner modifiziertes Verhalten. Ziel ist die soziale Anpassung. Ein Sozialpartner kann in das gezeigte Verhalten eines Individuums eingreifen (operieren). Das bedeutet, dass operant konditioniertes Verhalten beziehungsorientiert ist. Die Beziehung bestimmt die individuellen Konditionen innerhalb dieser und nicht die Situationen an sich.

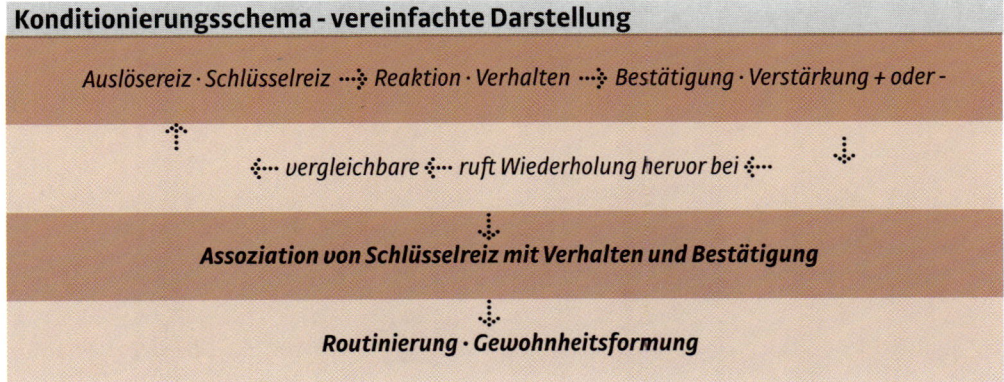

Konditionierungsschema - vereinfachte Darstellung

Auslösereiz · Schlüsselreiz ⋯› Reaktion · Verhalten ⋯› Bestätigung · Verstärkung + oder -

⋯ vergleichbare ⋯ ruft Wiederholung hervor bei ⋯

Assoziation von Schlüsselreiz mit Verhalten und Bestätigung

Routinierung · Gewohnheitsformung

Verhalten positiv verstärken

Im Umfeld des Hundes gibt es unterschiedliche Reize, die alle möglicherweise ein bestimmtes Verhalten (Reaktion) auslösen könnten. Der Hund jedoch selektiert (diskriminiert) den für ihn wichtigsten Reiz. Diesen nennt man Schlüsselreiz. Auf diesen Schlüsselreiz reagiert er auf seine individuelle Weise. Wenn diese Reaktion entweder positiv oder negativ bestätigt bzw. verstärkt worden ist, führt das zu einer Wiederholungshandlung, wenn der gleiche oder ein ähnlicher Schlüsselreiz wieder auftritt. Dies führt zur Verknüpfung des Schlüsselreizes mit dem gezeigten Verhalten und der Konsequenz hieraus (dem Verstärker). Hiermit entsteht eine Gewohnheitsformung (Routinierung) und Perfektionierung des Verhaltens. Hierzu drei Beispiele:

Der Labrador wartet, bis das Signal zum Apportieren kommt. So sieht beziehungsorientierte Jagd aus.

Beispiel 1 *Ich lasse meinen Hund auf eine Ersatzbeute jagen. Diese ist ein so genannter Preydummy, ein Beutel, der mit Hundefutter gefüllt ist. Der Hund ist an der Leine, und ich habe den Preydummy in der Hand. Weil ich den Preydummy hochnehme (Schlüsselreiz), guckt der Hund nach oben und setzt sich hin (Reaktion). Für das gewünschte Verhalten wird der Hund innerhalb der ersten Sekunde verbal mit Lob bestätigt, gleichzeitig wird der Preydummy geöffnet und der Hund bekommt einen Teil der „Beute".*

Beispiel 2 *Der Hund ist an der Leine, und ich habe den Preydummy in der Hand. Weil ich den Preydummy hochnehme (Schlüsselreiz), guckt der Hund nach oben und setzt sich hin (Reaktion). Nun sieht der Hund einen anderen Artgenossen (neuer Schüsselreiz) und fixiert diesen (Reaktion auf den neuen Schlüsselreiz). Gleichzeitig lobe ich den Hund, weil er sich hingesetzt hat. Welches Verhalten habe ich damit positiv verstärkt? Das Sich-Hinsetzen oder das Fixieren des anderen Hundes (Provokation gegenüber Artgenossen)? Der Hund reagiert während der Bestätigung schon auf den nächsten Schlüsselreiz (anderer Hund). Somit ist für ihn die Reaktion auf diesen Schlüsselreiz – das Fixieren – das Verhalten, das bestätigt bzw. verstärkt worden ist, und nicht das Hinsetzen!*

Beispiel 3 *Nun könnte es so weitergehen: Der Hund greift diesen anderen Hund (Schlüsselreiz), den er von Anfang an als Konkurrenten gesehen hat, an (Reaktion auf Schlüsselreiz). Jetzt werde ich böse mit meinem Hund. Ich brülle und schreie „Aus", „Pfui", „Lass das sein" oder schlage sogar mit der Leine auf ihn ein (negative Verstärkung). Die Anwesenheit des anderen Konkurrenten war für den Hund schon so* bedrohlich, dass er diesen attackieren musste. Durch mein Auftreten und aggressives Verhalten ist diese bedrohliche Situation noch verstärkt worden. So wird der Hund letztendlich in ähnlichen Situationen noch aggressiver reagieren. Ich habe nämlich gezeigt, dass ich die Situation nicht im Griff habe, da ich weder souverän noch ein fähiger Rudelführer bin und zudem noch eine weitere Bedrohung für meinen Hund darstelle.

Instinktverhalten verfeinern
Operante Konditionierung ist die grundlegende Möglichkeit, Instinktverhalten zu verfeinern, Alternativformen von Instinktverhalten zu kreieren oder neue Verhaltensformen auf der Basis der Instinktveranlagungen zu entwickeln.

Bei der Verfeinerung von Instinktverhalten wird das angeborene Instinktverhalten des Hundes als solches nicht geändert, sondern lediglich durch einen Sozialpartner auf ein mit dem Verhalten assoziiertes Signal hervorgerufen, z.B. Lösen des Hundes auf Signal, der Hund legt sich auf ein Signal auf den Rücken etc.

Alternative und neue Verhaltensformen
Bei den modifizierten Alternativformen von Instinktverhalten wird angeborenes Instinktverhalten in seiner ursprünglichen Form verändert, z.B. „Down" als Unterordnungssignal, Apportieren auf Signal etc.
Bei den neu entwickelten Verhaltensformen werden instinktmäßig nicht vorhandene Verhaltensformen gelernt. Hierbei werden die Instinkte des Hundes als Grundlage für das Erlernen des Verhaltens benutzt. Es ist jedoch gleich, welches Instinktverhalten man hierzu als Grundlage wählt, z.B. Türe/Schublade öffnen, Agility, über eine Leiter gehen, Lichtschalter bedienen etc.

Signale erlernen
Beim Erlernen von Signalen belege ich das bereits vom Hund gezeigte Zielverhalten mit einem Signal. Wenn mein Hund sich neben mich setzt, rufe ich „Bei" und lobe ihn, wenn er in dieser Position bleibt. Durch mehrmalige Wiederholungen lernt mein Hund, dass er, wenn ich „Bei" rufe, neben mir sitzen darf und Bestätigung erfährt. Wenn das klappt, fange ich an, das Signal ständig ein bisschen früher zu geben, z.B. wenn er noch nicht sitzt, aber schon neben mir ist. Oder wenn er nicht direkt neben mir ist, mich jedoch aus unmittelbarer Nähe anschaut. Das kann so weit gesteigert werden, bis der Hund auf größerer Distanz ist und mich nicht anschaut. Natürlich wird dieses gewünschte Verhalten gerade in der Lernphase durch die gemeinsame Jagd auf die Ersatzbeute bestätigt. Hierdurch wird das von uns Menschen abverlangte Signal für den Hund existentiell und somit logisch nachvollziehbar. Das heißt, Unterordnung macht Sinn und ist nicht reine Machtlust!

Beide Hunde jagen, ohne dabei miteinander zu konkurrieren.

Fehlkonditionierung

Leider passiert es immer wieder, dass Kommandos fehlkonditioniert werden. Ein gutes Beispiel hierfür ist z.B. das Kommando „Hier". Bei vielen Menschen hat der Hund Freilauf während des Spaziergangs. Sobald jedoch ein anderer Hund in Sicht kommt, wird der Hund mit dem Kommando „Hier" zurückgerufen. Der Hund lernt also, dass, wenn der Mensch „Hier" ruft, ein anderer Artgenosse im Anmarsch ist. Wenn in Zukunft das Kommando „Hier" gegeben wird, bleibt der Hund erst einmal stehen, schaut sich nach allen Seiten nach dem anderen Artgenossen um und kommt dann eventuell zurück, wenn sein Mensch wichtig genug für ihn ist. Oder aber er kommt gar nicht, sondern läuft direkt zu diesem anderen Hund.

Bindung kann Kommandos unnötig machen

Oft werden Hunde auch mit „Hier" herangerufen, obwohl das Kommando noch nicht erlernt ist oder sich gefestigt hat. Falsch wäre es auch, wenn man seinen Hund auf einer Hundewiese mit anderen Hunden toben lässt und, weil man weitergehen muss, ihn aus dieser Situation mit dem noch nicht gefestigten Kommando „Hier" herausruft. Der Hund bemerkt, dass „Hier" „Spaß beendet" bedeutet und er wieder zurück nach Hause muss. Also erfährt der Hund, dass das Befolgen des Kommandos nicht sehr positiv für ihn ist und er demnächst das Kommando am besten ignoriert.

Wenn eine gute Bindung zwischen Mensch und Hund bestünde, sollte es ausreichen, sich von seinem Hund kommentarlos zu entfernen, und er wird automatisch folgen, da er ja seinen Rudelführer auf keinen Fall verlieren möchte.

Selbst beim Ausritt mit dem Pferd ist Natural Dogmanship® gut umzusetzen. Dieser Kurzhaar-Collie hat gelernt, sich am Steigbügel abzustützen, damit die Reiterin die Leine lösen kann.

Der Hund, ein hoch entwickelter sozialer Beutegreifer

Der Hund ist ein hoch entwickelter Beutegreifer und erfährt in der Natur, dass soziale Anpassung (Adaption) die Möglichkeit bietet, von Sozial-partnern zu lernen, wie man überleben kann. Ein ranghöheres Tier wird nur dann in seiner Position anerkannt, wenn klar ist, dass dieses Indivi-

Jagen vom Pferd aus: Nicht das Pferd ist das Beutetier, sondern ganz klar der Preydummy.

duum eine entscheidende Rolle im Rudel hat. Entscheidende Rollen im Rudel haben Tiere, die Einfluss nehmen und daher Rudelgenossen am stärksten konditionieren, gleichzeitig dadurch aber deren Überleben sichern . Hierbei sind nicht die Kommandos „Sitz", „Platz" etc. von Bedeutung, sondern existentielle, in Bezug auf das Überleben gelernte, instinktveranlagte Verhaltensweisen relevant. Überleben heißt für Hunde, mit präzisen Jagdtechniken erfolgreich zu jagen und mit erlern-ten Verteidigungstechniken das Jagdrevier effizient gegen Konkurrenten verteidigen zu können.

Der Mensch muss der bessere Jäger sein

Auf den Menschen übertragen bedeutet das, dass wir erst dann in unse-rer Position als Ranghöchster anerkannt werden, wenn wir es schaffen, dem Hund in seinen Augen existentielle Verhaltensformen beizubringen. Wenn man also Unterordnungssignale wie „Sitz", „Down" oder „Bei (Fuß)" als Teil der gemeinsamen vom Menschen initiierten Jagd beibringt, ist soziale Adaption auch menschlichen Rudelgenossen gegenüber selbstverständlich, da diese dann als Rudelführer anerkannt werden können.

Ethik in der Hundeerziehung

Wenn man den Hund als Sozialpartner sehen will, müsste es selbstverständlich sein, dass von Dressur oder Tricks beibringen nicht die Rede sein kann. Vielmehr muss der Hund als eine Persönlichkeit gesehen werden, die dank seiner genetischen Veranlagung, beeinflusst durch sein soziales Umfeld, in seiner Umwelt interagiert.

Das heißt, dass auch wir Menschen unser Verhalten verändern, sofern wir das Verhalten des Hundes modifizieren möchten, da ein Hund immer in seinem Umfeld interagiert. Wenn Sie innerhalb Ihrer Partnerschaft Ihren Partner verändern möchten, müssen auch Sie selbst sich zum Teil verändern, da soziale Kommunikation immer gegenseitig stattfinden sollte. Ihr Partner wird es nur akzeptieren, dass Sie ihn verändern möchten, sofern seine Persönlichkeit und seine Bedürfnisse innerhalb der Partnerschaft von Ihnen akzeptiert und respektiert werden können. Das Gleiche gilt für die Mensch-Hund-Beziehung.

Gemeinsames Beutespiel stärkt die Mensch-Hund-Beziehung.

Ethik

▸ Der Hund ist ein Individuum mit einer eigenen Persönlichkeit, vor der man Respekt haben muss!
▸ Der Hund ist kein Gegenstand, er hat Gefühle und Bedürfnisse.
▸ Der Hund hat ein Recht auf Erziehung, nicht auf Dressur oder das Beibringen von Tricks.
▸ Der Hund hat „Talente", die man innerhalb der Erziehung weiter entwickeln sollte, weil sie symbolisch für seine Bedürfnisse sind.
▸ Der Hund muss von uns Menschen Einfühlungsvermögen (Empathie) erwarten können.

Empathie heißt

▸ bereit sein, den anderen offen und objektiv wahrzunehmen.
▸ das Wahrgenommene ohne die eigene „Voreingenommenheit" interpretieren zu wollen.
▸ das eigene Verhalten an diese Interpretation anpassen zu wollen, um sich für seinen Hund verständlich zu machen.

Körperagility –
der Sprung über
das Bein macht die
gemeinsame Jagd
interessanter.

Wir können von Hunden nicht erwarten, dass sie sich in Menschen hineinversetzen können. Daher müssen wir Empathie für Hunde haben.

Erziehung

Erziehung heißt, mehr Möglichkeiten für das Individuum zu schaffen, Möglichkeiten, über die soziale Anpassung die eigenen Talente im eigenen Vorteil und im Vorteil der Gruppe weiterzuentwickeln.

In der Hundeerziehung ist es wichtig, dass zwar einerseits der Hund begrenzt bzw. eingeschränkt wird in seinen Freiheiten, damit er nicht selbstständiges (selbststimulierendes) Verhalten entwickelt. Dieses würde nämlich die Beeinflussbarkeit seines Verhaltens und somit die erzieherischen Möglichkeiten minimieren. Andererseits ist es jedoch auch wichtig, dass der Hund nicht nur eingeschränkt wird in seinen Freiheiten, sondern seine Persönlichkeit unter Ausnutzung der Instinktveranlagung auf richtige Weise geformt wird.

Es ist mit Hunden wie mit Menschen: Sie müssen dem Hund die Sicherheit geben, dass er tun kann, was Sie erwarten, ohne sich selbst aufgeben zu müssen.

Einsatz von Hilfsmitteln in der Hundeerziehung

Die Menschen in unserer heutigen Gesellschaft haben wenig Zeit. Sie haben es eilig, ihr Ziel zu erreichen. Sie wollen die Lösung ihrer Probleme sofort. Anstatt sich zu verändern oder über die Probleme nachzudenken, ist es für viele Menschen schneller und bequemer, Hilfsmittel in der Hundeerziehung einzusetzen. Ich sage Ihnen aber, langsam Gehen ist oft die schnellste Art, das Ziel erfolgreich zu erreichen und langfristig beizubehalten.

Zitat aus der „Zeit" Nr. 5/1999

Eine der wenigen, die in Deutschland Grundlagenforschung über das Verhalten von Hunden betreiben, ist Dorit Feddersen-Petersen am Institut für Haustierkunde der Universität Kiel: „Ich habe prinzipiell nichts gegen den Einsatz von Psychopharmaka, befürchte jedoch, dass Hunde damit zunehmend angepasst werden an völlig inadäquate, nicht artgerechte Haltungsbedingungen. Dadurch schreitet die ohnehin schon starke Instrumentalisierung von Heimtieren durch den Menschen weiter fort", befürchtet sie. Ohnehin existiere bereits ein großes Arsenal an technischen und chemischen Mitteln, um Haustiere gefügig zu machen. Beispielsweise mit Bändern, die den Hundehals umspannen und bei starkem Bellen Zitronensäure und Melisse versprühen, damit der Kläffer die Schnauze hält – sonst brennt ihm Zitronensäure in den Augen. Oder Elektroschocks abgebende Halsbänder, passend zur Joystick-Gesellschaft per Knopfdruck zu bedienen.

Schematische Abfolge wie bei einer durchschnittlichen Begleithundeprüfung.

Dorit Feddersen-Petersen moniert, dass „in den Köpfen der Tierhalter oft völlig unzutreffende Bilder vom Wesen ihrer Heim- und Hobbytiere vorherrschen". Viele Tiere lebten unter mangelhaften Bedingungen in Menschenobhut, doch statt diese zu beseitigen, werde den Konflikten mit „zunehmender Tendenz verhaltenskorrigierend begegnet". Die Kieler Wissenschaftlerin warnt davor, die Psychologie des Menschen einfach dem Hund überzustülpen. „Hunde werden anthropozentrisch, also auf den Menschen ausgerichtet, behandelt oder eingesetzt. Stören sie dabei durch ihr arteigenes, angeborenes Verhalten, dann werden sie abgegeben oder zurechtgestutzt."

Die Praxis zur Theorie

In meinem Ausbildungszentrum für Hundeerzieher gab ich einer Semi-
nargruppe die Aufgabe, ein Urteil über die komplette Erziehung eines
Hundes durch Diskscheiben abzugeben. Hier ist das Ergebnis, das die
Teilnehmer erarbeitet hatten:

▸ Durch den Einsatz von Diskscheiben ist der Hund in einer Stress-
  situation, welche eine schlechte Lernsituation darstellt.
▸ Die Geräuschempfindlichkeit kann sich stark erhöhen (Generalisierung
  einer traumatischen Erfahrung). Sie kann sich aber auch erheblich
  verringern (Desensibilisierung).
▸ Der Hund zeigt starkes Meideverhalten dem Menschen gegenüber.
▸ Der Hund lebt in Angst und unter Stress.
▸ Der Hund hat kein Vertrauen bzw. keine Bindung zum Menschen.
▸ Stressbedingte Krankheiten können langfristig entstehen.

Nur Unterordnung
der Unterordnung
Willen? Was hat der
Hund davon und was
der Mensch?

▸ Der Aufbau von Übungen ist sehr schlecht.
▸ Der Hund reagiert aus Angst.
▸ Der Hund bleibt nur sitzen, liegen etc., um keine Korrektur zu erfahren.
▸ Der Hund wird durch reine Machtausübung des Menschen gefügig
  gemacht.
▸ Die Bedürfnisse des Hundes werden komplett ignoriert.
▸ Der Mensch sieht seinen Hund nicht mehr, sondern nur das Verhalten,
  das er sehen möchte.
▸ Die meisten Menschen stimulieren ungewollt unerwünschte Verhal-
  tensweisen ihres Hundes

Abtrainieren von Verhaltensformen

Hierzu zunächst ein Beispiel *Sie haben einen Welpen einer mittelgroßen Rasse, den Sie an Leine und Halsband gewöhnen wollen, damit Sie mit ihm spazieren gehen können. Oh, was passiert jetzt? Ihr Welpe möchte gar nicht mit Ihnen spazieren gehen. Sobald Sie das Grundstück verlassen, setzt er sich hin, schreit und zieht wieder zurück Richtung Haus. Langsam locken Sie Ihren Welpen, mit Ihnen zu gehen. Sie schaffen es auf diese Weise 500 Meter. Weil Ihr Welpe Stress hat, gehen Sie wieder zurück und siehe da, Ihr Welpe geht nun schnell vorwärts ziehend an der Leine Richtung Haus. „Hat ja doch noch geklappt", denken Sie jetzt vielleicht. Der Welpe geht nun an der Leine. Dass er hierbei an der Leine zieht, ist nicht so tragisch (er ist ja noch so klein). Hauptsache er geht überhaupt an der Leine.*

„Hoffentlich lesen meine ‚Ersatzeltern' dieses Buch auch."

Was ist aus der Sicht Ihres Welpen passiert? Sie haben Ihren Welpen aus der Sicherheitszone (Garten) in die Gefahrenzone geschleppt. In den Augen Ihres Welpen ist Ihr Verhalten total daneben. Sie stellen eine Lebensgefahr für Ihren Hund dar. Welches Elterntier würde wohl seinen Welpen in Gebiete bringen, in denen fremde Artgenossen sein könnten? Das Muttertier würde vorbeugen, dass die Welpen die Sicherheitszone überhaupt nicht verlassen können.

Schockerlebnis und die Folgen

Also was hat Ihr Welpe nun erfahren? Ziehen an der Leine ist lebensrettend! Sie haben Ihrem Hund ungewollt in einer sehr wichtigen Phase das Ziehen an der Leine beigebracht und ihm vermittelt, dass man Ihnen außerhalb der Sicherheitszone nicht vertrauen kann.

Nun ist Ihr Welpe ausgewachsen. Er zieht noch immer an der Leine. Jetzt aber finden Sie es schon tragisch, da Sie ihn kaum noch halten können, und melden sich bei einer Hundeschule. Dort fragen Sie, wie Sie dieses Verhalten abstellen bzw. abtrainieren können. Ich würde Ihnen sagen, dass das Verhalten nicht abgestellt werden muss. Stattdessen müssen Sie Ihrem Hund Sicherheit geben, damit er Ihrer Führung vertrauen und Ihnen folgen kann.

Vertrauen lernen

Nachdem Sie dieses Beispiel gelesen haben, werden Sie vielleicht denken: „Der hat ja gut schreiben. Ich muss doch mit meinem Welpen vor die Türe gehen, damit er Pippi und Häufchen machen kann und auf sein zukünftiges Umfeld sozialisiert wird." Damit haben Sie natürlich Recht. Obwohl Ihr Welpe sich anfangs am besten im eigenen Garten an der Leine an einem festen Platz lösen kann. Selbstverständlich muss Ihr Welpe auch auf unterschiedlichste Umfeldsituationen sozialisiert werden. Dort aber fahren Sie am besten mit Ihrem Auto hin, auf kurze Entfernung tragen Sie ihn. Dann ist es sinnvoll, in der neuen Umfeldsituation ruhig zu verbleiben, bis Ihr Welpe abgeschaltet hat und nicht mehr auf die Umfeldreize reagiert.

Vorbeugen statt abtrainieren

So oft möchten Menschen ihrem Hund „unerwünschte" Verhaltensweisen abtrainieren. Besser wäre es, „unerwünschtem" Verhalten vorzubeugen und ihm das „erwünschte" Verhalten beizubringen. Hierzu wieder Beispiele:

Beispiel 1 *Ihr Welpe hat Langeweile und befindet sich außerdem im Zahnwechsel. Sie sitzen mit Ihrem Besuch am Tisch und unterhalten sich. Währenddessen knabbert der Welpe am Tischbein herum. Der erste Gedanke: „Wie kann ich meinem Welpen nur dieses Verhalten abtrainieren?"*

Besser wäre es aber, diesem Verhalten vorzubeugen. Wenn man nämlich keine Zeit hat, den Welpen zu beaufsichtigen, ist es ratsam, ihn an eine so genannte „Bench" (ein Kinderlaufstall für Hunde, der eine Rückzugs- und Ruhezone umgrenzt) im Zimmer zu gewöhnen. Dort hätte er in dieser Situation z.B. die Möglichkeit, auf einem Knochen herumzukauen, damit sein Bedürfnis während des Zahnwechsels befriedigt wird.

Der Welpe will nicht aus der Sicherheitszone heraus. In dieser „ersten Lektion" lernt er, dass das Ziehen an der Leine ihn wieder in Sicherheit bringt.

Beispiel 2 *Ihr Hund buddelt, wenn er allein im Garten ist, und reagiert nicht, wenn Sie ihn wieder hereinrufen. Was wäre hier die Alternative?*

Am besten wäre es, den Hund gar nicht erst im Garten allein zu lassen, damit sich kein selbst stimulierendes Verhalten entwickeln kann. Sinnvollerweise haben Sie Ihren Hund im Garten zunächst an einer 5 m langen Schleppleine. Außerdem bringen Sie Ihrem Hund bei, wo er erfolgreich buddeln kann und darf. Dafür haben Sie z.B. einen speziellen Sandkasten für ihn, in dem Sie seinen Preydummy verstecken. Auf Ihr Signal darf er diesen ausbuddeln. Wenn Sie ihn dann an der langen Leine zu sich geholt haben, bekommt er von Ihnen einen Teil der „Beute" aus dem Preydummy.

Beispiel 3 *Ihr Hund springt Besucher in der Begrüßungssituation an. Haben Sie nun schon die eigene Lösung parat*

„Beibringen" mit Hilfe
von Natural Dogmanship®

Am Ende der gemeinsamen Jagd steht der Erfolg: Die Beute aus dem Preydummy wird geteilt".

Diese Lösung lautet hoffentlich wie folgt: Ihr Hund darf sich nicht im Flur aufhalten. Wenn Sie mit dem Besuch ins Haus gehen, wird Ihr Hund erst aus der „Bench" gelassen, wenn er sich ruhig benimmt und die Besucher sich bereits hingesetzt haben. Nachdem er einen Preydummy apportiert hat, darf er die Besucher begrüßen und erhält anschließend in seiner „Bench" einen Knochen aus dem Preydummy. Hiermit wird sein Verhalten, andere Leute anzuspringen, nicht abtrainiert, sondern es wird eine entgegengesetzte Verhaltensform stimuliert, die das Anspringen ausschließt und positiv bestätigt wird.

Die Bedeutung von „Beibringen"

Wenn man nur an das „Abstellen" oder „Abtrainieren" von Verhaltensweisen denkt, nimmt man dem Hund ständig Möglichkeiten, ohne dies zu kompensieren. Wir nehmen ihm seine Persönlichkeit, weil wir diese nicht akzeptieren. Wertvoller für die Beziehung wäre es, dem Hund neue Möglichkeiten zu bieten, anstatt ihm immer mehr wegzunehmen. Geben Sie ihm Ihre Zeit, die Sie gemeinsam positiv nutzen, um ihm etwas Neues beizubringen. „Beibringen" bedeutet nämlich etwas lehren oder vermitteln. Hierbei soll dem Hund mit Sozialbezug auf seine Bezugsperson etwas vermittelt werden, das für ihn im Zusammenleben mit seiner Bezugsperson auch positive Konsequenzen hat: die Befriedigung seiner Bedürfnisse. So bereichern Sie sein Leben. Statt die Zeit mit dem Abtrainieren von unerwünschten Verhaltensformen zu vergeuden, können Sie die gemeinsame Zeit mit Ihrem Hund positiv nutzen.

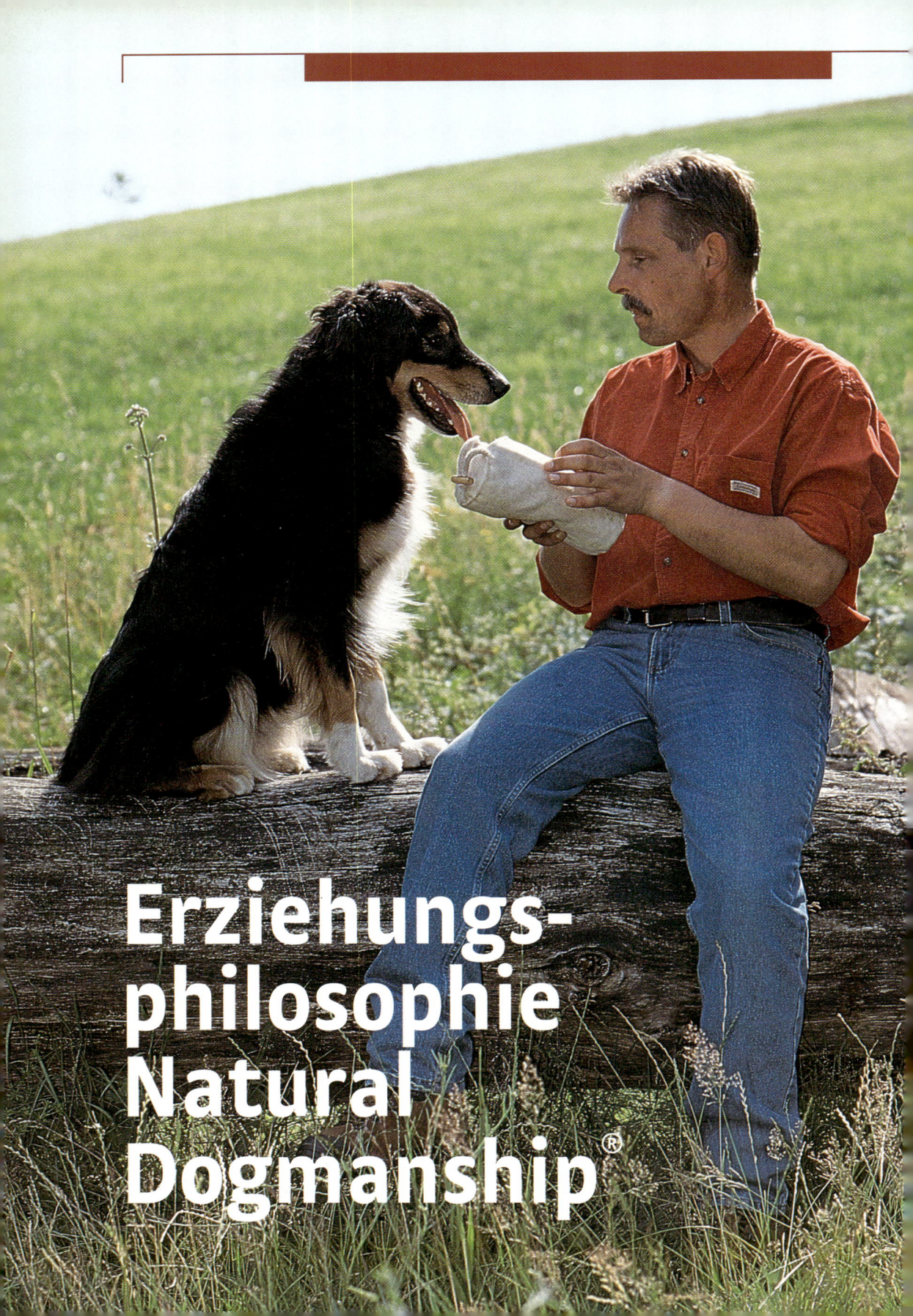

Erziehungs-
philosophie
Natural
Dogmanship®

Erziehungsphilosophie

In unserer leistungsorientierten Gesellschaft muss ein Hund möglichst gut funktionieren. Das ist natürlich mit klassischen oder auch instrumentellen Trainingsmethoden schnell erreicht, wobei der Hund aber meist durch Schmerz oder andere unangenehme Empfindungen dazu gebracht wird, Meideverhalten zu zeigen. Oder ihm werden mit Leckerchen Tricks beigebracht, damit er für den Menschen gut „funktioniert". Übersehen wird dabei allerdings das Lebewesen Hund, eine Persönlichkeit, ganz individuell, wie wir Menschen auch! Sind unsere Bedürfnisse gleichzeitig auch die unseres Hundes?

Beziehungsorientierte Erziehung und Lebensweise

Natural Dogmanship® ist eine grundlegende Philosophie über die beziehungsorientierte Erziehung von Hunden. Es ist keine Trainingsmethode, die man einmal die Woche auf einem Übungsgelände üben kann, sondern eine Lebensweise, die man alltäglich mit seinem Hund lebt. Natural Dogmanship® ist relativ neu und erfordert sicherlich vom Menschen ein Umdenken, es ist gleichzeitig aber unglaublich spannend, interessant und lehrreich! Innerhalb dieser Philosophie werden die Instinktveranlagungen des einzelnen Individuums als Kapital der Erziehung gesehen. Natural Dogmanship® ermöglicht es Ihnen, die Beziehung zu Ihrem Hund zu vertiefen, und gibt Ihrem Hund die Chance, mit einem Sozialpartner zusammenzuleben, der ihn versteht. Deshalb ist es mir wichtig, dass hieraus nicht schon wieder eine neue Trainingsmethode gemacht wird.

Die Rolle des Preydummy

Innerhalb einer Zweierbeziehung braucht man für beide Partner mindestens ein wichtiges gemeinsames Ziel. Mit Bezug auf die Existenzgrundlage eines Hundes als Beutegreifer, also die Jagd, wird innerhalb von Natural Dogmanship® das gemeinsame Ziel durch einen so genannten „Preydummy" - frei übersetzt „Ersatzbeute" - symbolisiert. Das Zusammenleben und somit das soziale Lernen ist auf diese gemeinsame Jagd orientiert. Hierbei ist der Mensch der „Superjäger", der als Einziger die Beute sprich den Preydummy öffnen und Futter verteilen kann.

Der Preydummy symbolisiert das gemeinsame Ziel.

Den patentierten Preydummy gibt es in unterschiedlichen Größen.
(Zu beziehen beim Hundezentrum „Mensch und Hund", Adresse siehe Seite 185.)

Eine eingetragene und geschützte Marke

Natural Dogmanship® ist eine im Register des Deutschen Patent- und Markenamts unter der Nr. 399 52 188 eingetragene und geschützte Marke (Verzeichnisse: 21 Futterbeutel für Hunde; 28 Trainingsgeräte für Hunde; 41 Ausbildung und Training von Hunden; 41 Ausbildung von Hundetrainern). Der Preydummy ist patentiert unter der Patentnummer 199 45 719.0.

Natural Dogmanship® Instructor mit Lizenz

Es gibt Menschen, die vom Preydummy gehört haben und ihn als Trainingstrick (wie z.B. Leckerchen) verstehen und auch anwenden. Hierbei kann aber genau das Gegenteil meiner Philosophie erreicht werden. Auch gibt es Hundetrainer, die, obwohl sie keine Lizenz als Natural Dogmanship® Instructor haben, behaupten, auf ähnliche Art und Weise in ihrer Hundeschule zu arbeiten. Sie benutzen vielleicht anstelle eines Preydummys ein „Schlampermäppchen" und geben an, die Philosophie zu kennen. Was aber nicht unbedingt bedeutet, dass sie diese auch in meinem Sinne umsetzen. Hiermit möchte ich auf keinen Fall anderen Hundetrainern/-erziehern ihre grundlegende Kompetenz absprechen. Wenn Sie mit Ihrem Hund nach Natural Dogmanship® arbeiten und sicher sein möchten, hierbei kompetent beraten zu werden, können Sie sich die entsprechende Lizenz vom Instructor zeigen lassen.

So wird man Instructor

Erst wenn man eine Ausbildung als Hundeerziehungsberater erfolgreich absolviert hat, kann man sich für eine Weiterbildungsmöglichkeit zum Natural Dogmanship® Instructor bewerben. Die Lizenz als Natural Dogmanship® Instructor erhält man erst nach erfolgreicher Teilnahme an dieser zusätzlichen Ausbildung. Für das Behalten der Lizenz ist es Pflicht, sich jährlich weiterzubilden. Sowohl die Grundausbildung zum Hundeerziehungsberater als auch die fortführenden Seminare zum Natural Dogmanship®-Instructor werden von mir angeboten.

Der Preydummy ist vielfältig einsetzbar wie z.B. hier bei der „Vogeljagd".

Erziehung bringt Vorteile

Erziehung ist beziehungsorientiert und hat das Ziel, junge Individuen auf den Ernst des Lebens vorzubereiten. Es bringt demjenigen, der erzogen wird, also Vorteile. Alle für uns Menschen wichtigen Verhaltensformen unseres Hundes werden ihm beigebracht als Teil der gemeinsamen Jagdstrategien. Somit wird das Lernen dieser Verhaltensformen für den Hund zum Wunsch, und er betrachtet uns als eine Bereicherung seines Lebens und als wertvollen Sozialpartner.

Das Überlebenswichtige lernen
Die Erziehung beginnt damit, dem Hund das beizubringen, was er zum Überleben lernen muss. Für Natural Dogmanship® heißt das: das Apportieren der Ersatzbeute, des Preydummys. Hat ein Hund erst einmal das Apportieren als Basis der gemeinsamen Jagd gelernt, gibt es kaum noch Grenzen. Nun kann man die „Jagdstrategien" beliebig erweitern. Sitz, Down (Platz), Hier und Bei (Fuß) werden ein Teil der gemeinsamen Jagd und vergrößern aus der Sicht des Hundes seine Existenzsicherheit. Gleichzeitig ist der Mensch mit dem Verhalten seines Hundes zufrieden. Denken Sie nun: „Mein Hund apportiert aber überhaupt nicht". Meine Frage dazu lautet: „Kann Ihr Hund fressen?" Denn wenn er fressen kann, kann er auch apportieren!

Mögliche Gefahren

Als Einleitung für die nachfolgenden Abschnitte möchte ich zunächst auf die möglichen Gefahren im Hinblick auf Veränderungen im Rudel Mensch-Hund hinweisen. Grundsätzlich ist dieses Buch keine „Gebrauchsanleitung", wie man mit seinem Hund umzugehen hat, denn dann wäre Natural Dogmanship® nicht mehr als eine Trainingsmethode,

die man in gleicher Form auf jeden beliebigen Hund anwenden könnte. Jeder Hund muss individuell betrachtet werden, wobei seine Persönlichkeit in Bezug auf sein Umfeld eingeschätzt werden sollte. Erst wenn innerhalb der Beziehung einer von beiden sein Verhalten dem anderen gegenüber plötzlich ändert, bekommt der andere Angst, dass sich dadurch die bisherigen Verhältnisse ebenfalls ändern. Das kann dann zu extremen Reaktionen führen, die nicht unbedingt für jeden vorhersehbar sind.

Ein noch harmloses Beispiel *Eine Kundin hatte ein temperamentvolles Hundepärchen. Als sie auf einem meiner Themenabende hörte, dass das Anspringen ihrer Hunde bei der Begrüßung in ihrem Fall Dominanz bedeutete, ignorierte sie fortan ihre Hunde bei der Begrüßung, denn Ignoranz ist Dominanz. Nun sprangen ihre Hunde sie zwar nicht mehr an, dafür sprangen sie aber auf dem Sofa herum. Weil sie nicht mehr wusste, wie sie sich in dieser Situation verhalten sollte, rief sie bei mir an. Ich riet ihr, weil ihre Hunde nicht zu dominant waren, sie bei der Begrüßung weiter zu ignorieren und sich dann direkt auf das Sofa zu setzen, bevor die Hunde dieses in Beschlag nehmen konnten. Der Rüde fand ihr verändertes Verhalten aber so provokant, dass er zum ersten Mal im Wohnzimmer markierte und sie dabei auch noch anschaute.*

In diesem Beispiel ist nur Urin geflossen. Bei anderen Hunden hätte jedoch durchaus auch Blut (des Besitzers) fließen können.

Information ist notwendig

Bestimmte Übungen wie auch der Wechselspaziergang oder das Leinenführspiel legen die aktuellen Verhältnisse innerhalb der Beziehung offen. Ich erfahre sehr häufig in meinem Hundezentrum MundH, dass der Klient, wenn anstelle des Hundes der Mensch vorgeht oder

Callum soll eine ganze Weile im Unterordnungsbereich folgen und bekommt dann einen Teil der Beute.

der Mensch aktiv zum Spiel auffordert und dieses abrupt beendet, von der korrektiven Reaktion seines Hundes völlig überrascht ist.

Ein weniger harmloses Beispiel *Der Besitzer eines vier Jahre alten Bernhardiner Rüden kam zu mir. Der Rüde sollte erzogen werden, weil nun zwei Enkelkinder in der Familie waren. In dem vor einem Training stattfindenden Vorgespräch wurde mir der Hund geschildert als ein gutmütiger, friedfertiger Schmusebär, der nur nicht gut gehorcht. Beim ersten Training fingen wir mit einem Wechselspaziergang an. Sobald der Hund versucht vorne zu gehen, dreht man sich in die entgegengesetzte Richtung um und geht weiter an der Spitze. Das wird normalerweise so lange wiederholt, bis der Hund hinter dem Menschen, im Unterordnungsbereich geht. Sobald ich diesen Hund an der 5-m-Leine hatte und einige Schritte vor ihm war, biss er sich ohne Vorwarnung an meinem Arm fest und knurrte dabei. Für ihn war ich schon viel zu provokant! Erst in einem Gespräch nach dem Training habe ich vom Besitzer erfahren, dass der Hund Besucher gebissen und auch schon die Enkelkinder angeknurrt hatte.*

Änderungen in der Rudelordnung müssen mit Bedacht vorgenommen werden. Lassen Sie sich von einem Hundeerzieher oder Natural Dogmanship® -Instructor beraten.

Dieses Beispiel zeigt mir wieder, wie wichtig es doch ist, ausreichend Information seitens der Hundebesitzer und Mitarbeit zu erhalten, um eine effektive Verhaltensbeeinflussung aufbauen zu können. Hätte der Hundehalter diesen Wechselspaziergang auf ähnliche Weise ausgeführt, hätte dies fatale Folgen haben können! Ich habe diesem Klienten letztendlich geraten, nicht zu versuchen, das klare Rangordnungsproblem umzuändern, da dies viel zu gefährlich wäre.

„Das macht doch meiner nicht"
Jetzt denken Sie vielleicht: „So etwas macht doch unser Benno nicht, der ganz lieb in seinem Körbchen schläft". Es gibt aber souverän dominante Hunde, die schon einige Jahre die Führung über ihr „Rudel" Familie haben, ohne das diese sich dessen bewusst ist. Der Hund macht vielleicht aus der Sicht der Menschen bis jetzt kaum Probleme, und der Hund denkt genau das Gleiche – andersherum. Jetzt fängt der Mensch das Leinenführspiel (siehe S. 124) mit seinem Hund an. Und siehe da: Benno springt protestierend kläffend seinen Besitzer an und zerrt die Jacke kaputt.

Eine eindringliche Warnung
Ich möchte an dieser Stelle ausdrücklich vor dem Experimentieren auf eigene Faust bei einem Rangordnungsproblem warnen. Das ist naiv und kann außerdem gefährlich werden. Es empfiehlt sich auf jeden Fall, professionellen Rat einzuholen. Glauben Sie mir, die meisten Menschen kennen ihren eigenen Hund nicht.

Rudelordnung

Damit eine Organisation gut funktionieren kann, muss immer eine bestimmte Ordnung vorhanden sein. Auch ein Rudel ist solch eine Organisation: ein Familienclan, der nur gut funktionieren kann, wenn im Rudel eine bestimmte Ordnung geschaffen worden ist. Das macht auch klar, dass erst einmal Chaos entsteht, wenn sich diese Ordnung ändert. Stellen Sie sich Folgendes vor:

Ein Beispiel aus der Arbeitswelt *Ein Arbeitnehmer bekommt von seinem Chef die Aufgabe, ihn für zwei Tage zu vertreten. Er drückt diesem sein vollstes Vertrauen aus. Der Arbeitnehmer fühlt sich geehrt und macht diesen Job, so gut er kann. Der Chef ruft während seiner Abwesenheit an und informiert sich über den Stand der Dinge. Er ist verärgert, weil der Arbeitnehmer die Aufgaben nicht so erledigt, wie er es tun würde, und kommt sofort wieder zurück in die Firma. Er sagt,*

„Falsch Spazieren gehen": Der Hund geht vorne weg, der Mensch folgt im Unterordnungsbereich.

dass er ihm nie wieder solch eine Tätigkeit überlassen wird. Der Arbeitnehmer fühlt sich daraufhin richtig klein und gedemütigt.
Zwei Wochen später muss der Chef unvorhergesehen zu einer Beerdigung. Da ein neues Projekt ansteht und dieses mit dem Kunden besprochen werden muss, fragt er denselben Arbeitnehmer, ob er ihn dabei
vertreten kann. Dieser wundert sich zwar, freut sich aber, dass er
noch eine zweite Chance bekommt. Während des Gesprächs mit dem
Kunden kommt allerdings der Chef schon wieder zurück und übernimmt das Gespräch ohne jeden Kommentar. Wie fühlt sich dieser
Arbeitnehmer nun? Wohl sehr demotiviert. Die Folge: In Zukunft sabotiert er alles oder macht sich auf die Suche nach einem anderen Job.

Ein anderes Beispiel Bora, eine dreijährige Labradorhündin, lebt in
einer Familie mit zwei Kindern. Die Kinder, Max, sechs, und Moritz,
neun Jahre alt , sind lebhaft und toben den ganzen Tag herum. Bora ist
immer dabei. Der absolute Familienhund! Die Eltern finden es toll, dass

„Richtig jagen
gehen": Der Hund
folgt im Unterordnungsbereich
und ist auf seinen
Vorjäger Mensch
konzentriert.

Der Hund im
„Familienrudel".

*Bora immer mit den Kindern spielt. Es gibt allerdings zwei Dinge, die
sie nicht so toll finden. Zum einen ist Bora so ungestüm, dass sie die
Kinder umwirft, zum andern klaut sie Kinderspielzeug und knabbert
es in ihrem Körbchen an. Wenn sie eines von beidem tut, wird sie
geschimpft und muss in ihrem Korb bleiben, während die Kinder
weiterspielen dürfen.*
*So kommt es zu folgender Situation: Bora hat ein Spielzeug der Kinder
in ihren Korb geschleppt. Moritz sieht das und möchte Bora den Gegenstand abnehmen, damit sie nicht von den Eltern geschimpft wird. Nun
knurrt Bora Moritz zum ersten Mal an. Die Eltern hören das und sind
entsetzt über Boras Verhalten.*

Der Hund nimmt seine Aufgabe ernst

Bora fühlt sich, wenn sie mit den Kindern allein gelassen wird, zuständig
für deren Erziehung, da die erwachsenen Exemplare der Spezies Mensch
sich anscheinend nicht ausreichend darum kümmern. Bei Hunden
führen die erwachsenen Tiere das Spiel mit den Welpen, damit diese
dabei etwas Vernünftiges lernen. Wenn die Welpen zu hemmungslos
umherlaufen, rempelt sie sie an, um ihnen klar zu machen, dass sie zu
frech sind und zu wenig Respekt zeigen. Doch gerade dann, wenn es in
den Augen von Bora wichtig ist, erzieherische Grenzen zu setzen, wird
ausgerechnet sie von den Eltern korrigiert. Das ist für sie komplett unlogisch und frustrierend – die Kinder sind zu korrigieren, nicht sie.

Nach einer Weile überlässt man ihr wieder die Kinder, und wieder
fühlt sie sich für deren Erziehung verantwortlich. Irgendeiner muss sich
ja schließlich darum kümmern! Doch immer, wenn sie diese Aufgabe
effektiv wahrnimmt, wird sie dafür von den Eltern der Kinder korrigiert.

Warnung vor der körperlichen Korrektur

Wenn die Kinder mit Spielzeug herumtoben, ist das in Boras Augen
provokant, da sie dadurch Besitzverhalten zeigen. Bora erfüllt ihre erzieherische Rolle nach hündischen Begriffen gut, weil sie die Gegenstände
in ihren Besitz nimmt. Wenn sogar ihre Liegestelle von den Kinder (=

Welpen) nicht respektiert wird, sieht sie sich endgültig gezwungen, ein Tabu auszusprechen. Das Anknurren ist eine völlig normale Reaktion, um einem Welpen Tabus klar zu machen, und dient, nachdem der Welpe vorher fixiert wurde, als zusätzliche Vorwarnung vor einer möglicherweise folgenden körperlichen Korrektur.

Rudelstruktur erkennen

Um eine vernünftige Rudelstruktur aufbauen zu können, muss man zunächst ein richtiges Bild von der momentanen Rudelordnung haben. Hier einige Verhaltensweisen von Hunden innerhalb der Wohnung, die folgende Bedeutung haben können:

Beobachten Sie einmal Ihren Hund genau und vergleichen Sie mit den Beispielen in der Tabelle. Was zeigt Ihr Hund für ein Verhalten in der Wohnung?

Der Umgang von Kindern mit dem Hund muss immer unter der Regie von Erwachsenen stehen.

VERHALTEN	MÖGLICHE BEDEUTUNG
Strategisch liegen im Flur oder Eingangsbereich	Territoriumskontrolle des Ein- u. Ausgangs zur Wurfhöhle (Haus)
Strategisch liegen an Türschwellen, auf erhöhten Stellen	Kontrolle der im Haus befindlichen Personen
Mit dem Kopf auf den Füßen des Menschen schlafen	Entspannt schlafen und trotzdem den Menschen kontrollieren können
Als Erster Besucher begrüßen	Klar machen, wer das Sagen im Haus hat oder territoriales Verhalten
Gegenstände ins Maul nehmen und herumtragen	Besitzverhalten zeigen
Kopf auf den Schoß des Menschen legen	Abverlangen von Aufmerksamkeit
Mit Körperkontakt zum Menschen hinlegen, -setzen oder -stellen	Kein Respekt vor der Individualdistanz von Rangniedrigen; Eingrenzen der Bewegungsfreiheit
Menschen anbellen oder anspringen, wenn diese ihm keine Aufmerksamkeit schenken	Hund macht klar, dass er doch sehr wichtig ist und beachtet werden muss.
Ständiges Hinterherlaufen	Sozialkontrolle
Zum Spielen auffordern	Die erzieherische Rolle erfüllen oder provozieren
„Die verrückten fünf Minuten"	Selbstdarstellung
Den Menschen ignorieren	Ignoranz ist Dominanz.
Vor dem Menschen mit seinem Spielzeug spielen	Provokantes Verhalten

Die Lebensbereiche des Hundes

Erstes Umfeld: Die Wohnung. So sollte es aber nicht sein...

Generell gehorchen Hunde in der Wohnung (Wurfhöhle) noch ziemlich gut. Was gibt es da sonst auch zu tun, außer sich zu langweilen. Im Garten sieht es schon etwas anders aus. Da der Garten meist eingezäunt ist, haben die Hunde dort Freilauf, und wenn sie mal nicht gehorchen, ist es auch nicht so dramatisch. Im Wald allerdings soll der Hund gehorchen, dort tut er das jedoch am wenigsten. Tagtäglich werde ich mit folgender Aussage konfrontiert; „Eigentlich gehorcht mein Hund ganz gut, nur wenn es wichtig ist, dass er gehorcht, tut er es nicht."

Die meisten Menschen versuchen Probleme wie z.B. Ungehorsamkeit in der Situation zu lösen, in der sich das unerwünschte Verhalten äußert. Sie reagieren auf die Situation und machen das Verhalten nicht an der Beziehung fest. Ich möchte Ihnen erklären, dass alles, was unser Hund in unserer Anwesenheit tut, auch etwas über die Mensch-Hund-Beziehung aussagt. Was in der Wohnung passiert, kann man nicht von dem Verhalten trennen, das draußen gezeigt wird.

Zweites Umfeld: Der Garten.

Erstes, zweites und drittes Umfeld

Sehen Sie Ihre Wohnung als Wurfhöhle. Es ist klar, dass Welpen nur vorübergehend vom Muttertier in der Wurfhöhle gefüttert werden. Sie ist nämlich nicht das Gleiche wie ein Jagdrevier. Wenn die Welpen auf die gemeinsame Jagd vorbereitet werden, findet das in unmittelbarer Nähe der Wurfhöhle (Garten/Grundstück) statt. Dort ist die so genannte Sicherheitszone und Erziehungsfläche. Erst dann, wenn die Junghunde alle wichtigen Jagdtechniken und Strategien durchexerziert haben, dürfen sie im Alter von etwa sieben Monaten zum ersten Mal mit in das richtige Jagdrevier (Wald/Felder/Stadt, etc.). Hier ist es wichtig, das Erlernte in den Ernstfall umzusetzen. In Bezug auf die Hundeerziehung, umgesetzt in die Praxis bei Menschen sprechen wir deshalb über:

UMFELD	WO
Erstes Umfeld	Haus (entspricht der Wurfhöhle)
Zweites Umfeld	Garten (entspricht der Sicherheitszone)
Drittes Umfeld	Wald, Stadt etc. (entspricht dem Jagdrevier)

Drittes Umfeld: Wald, Feld, Stadt usw.

Dies bedeutet allerdings nicht, dass Ihr Hund erst in einem Alter von ca. sieben Monaten in das dritte Umfeld gelangt. Für gesellschaftsfähige Hunde ist es wichtig, dass sie so früh wie möglich mit unterschiedlichsten Situationen konfrontiert werden und dort so lange verbleiben, bis die dort wahrnehmbaren Reize keinen direkten Einfluss mehr auf sein Verhalten haben.

Mensch-und-Hund-Team

Genug der Theorie. Lassen Sie uns nun Ihre Kenntnisse in die Praxis, in das tägliche Leben mit Ihrem Hund umsetzen!

Langsam, überlegt und vorsichtig vorgehen

Der erste Schritt ist, sich zunächst in die eigene Wurfhöhle zurückzuziehen, um erst mal intern im eigenen Rudel hinter geschlossenen Türen einiges miteinander auszudiskutieren. Erst dann, wenn diese Diskussion geführt worden ist, kann man sich möglicherweise als Team präsentieren. In der Wohnung und im Garten werden anhand von geänderten Umgangsformen dem Hund gegenüber die ersten Veränderungen innerhalb der Beziehung schrittweise vorgenommen. Wieso sollte sich der Hund sonst verändern?

Wenn Sie nun die Veränderungen im ersten Umfeld vornehmen, erfordert das einiges an Selbstkontrolle, um dabei auch konsequent zu bleiben. Bitten Sie alle Familienmitglieder, sich an die hier aufgeführten neuen Spielregeln im Umgang mit dem Hund zu halten.

> **ACHTUNG!**
>
> *Erst nach Absprache mit einem professionellen Hundeerzieher und Verhaltenberater Änderungen im Verhalten Ihrem Hund gegenüber vornehmen!*

Veränderungen im ersten Umfeld (Haus/Wohnung)

- Der Hund darf kein eigenes Spielzeug haben.
- Strategische Liegestellen sind tabu.
- Die Aufnahme von Körperkontakt findet nur auf Initiative des Menschen statt.
- Auf Kommandos, die der Hund gibt, wird nicht reagiert.
- Bei der Begrüßung wird ein stürmisch begrüßender Hund ignoriert.
- Der Mensch initiiert und beendet das Spiel mit dem Hund und räumt das Spielzeug (hoffentlich ein Preydummy) direkt wieder weg.
- Der Hund sollte zur Seite gehen, wenn man auf ihn zugeht.
- Er hat sich nicht einzumischen, wenn es um Kindererziehung geht.
- Er darf den Menschen nicht auf Schritt und Tritt in der Wohnung verfolgen, um soziale Kontrolle auszuüben. (Hierbei können alle Türen in der Wohnung ausgenutzt werden.)
- Seine nicht strategische Liegestelle wird positiv belegt mit einem Knochen, den er nur dort kauen darf. Schleppt er diesen herum, wird er ihm abgenommen, und er bekommt ihn erst dann wieder, wenn er sich „zufälligerweise" wieder auf seinen Platz legt.
- Außerhalb der direkten Aktivitäten mit dem Hund wird er ansonsten ignoriert.
- Er bekommt sein Fressen nur während und direkt nach den gemeinsamen Aktivitäten mit uns. Natürlich nicht mehr aus dem Napf, sondern aus dem Preydummy und erst, nachdem er entdeckt hat, dass entweder Sitzen oder Liegen Voraussetzung dafür ist.
- Wichtig: Statt Spaziergängen spielt man also gemeinsam mit seinem Hund und lässt ihn womöglich den Preydummy jagen (siehe S. 113).

Sinnvolle Aktivitäten im Garten: Ein Preydummy wurde in der Ballkiste versteckt, der Welpe darf es nun „ausbuddeln".

Veränderungen im zweiten Umfeld (Garten/Grundstück):

▸ Freilauf im Garten ist tabu.
▸ Der Hund darf nur mit dem Menschen in den Garten.
▸ Der Hund darf sich anfangs nur an der Leine an einer ihm zugewiesenen Stelle im Garten lösen (auch dies schrittweise aufbauen).
▸ Sofern der Mensch sich im Garten aufhält, sich jedoch nicht um den Hund kümmern kann, wird dieser in seinen Freiheiten eingeschränkt, entweder vom Menschen durch eine Leine (Nabelschnur) oder räumlich in der Nähe des ersten Umfeldes (z.B. umzäunte Terrasse).
▸ Sinnvolle gemeinsame Aktivitäten von Mensch und Hund finden hauptsächlich kontrolliert im Garten statt.
▸ Folgende sinnvolle gemeinsame Aktivitäten:
Apportierspiele
Suchspiele
Hetzjagdspiele
Buddelspiele auf zugewiesenen Stellen
werden kombiniert mit Unterordnungsübungen. Diese Übungen würden somit für den Hund logisch nachvollziehbare Unterordnung bedeuten.
▸ Bei anfänglich territorialem Verhalten des Hundes wird dieser ohne Kommentar wieder in das erste Umfeld zurückgebracht. Der Mensch bleibt danach noch eine Weile im zweiten Umfeld.

Später finden die gemeinsamen Jagdspiele statt, wenn Sie mit Ihrem Hund unterwegs sind. Vorerst aber bleiben Sie mit diesen Aktivitäten im ersten und zweiten Umfeld. Falls Sie keinen eigenen Garten haben, fahren Sie zu einer ständig gleichbleibenden reizarmen Umgebung. Des Weiteren ist für die Erziehung eines Welpen der Besuch einer guten Welpenerziehungsgruppe und das Abschalten lassen in anderen Situationen (auch im dritten Umfeld) unbedingt erforderlich. Abschalten heißt, der Hund reagiert nicht mehr auf Umweltreize in seinem direkten Umfeld und entspannt sich.

Veränderungen im dritten Umfeld (Wald/Stadt etc.):

▸ Grundsätzlich wird kein Spaziergang mehr gemacht!
▸ Man entspannt sich in verschiedensten Reizsituationen, bis der Hund abschaltet.
▸ Im zweiten Umfeld erlernte Übungen werden in allmählich reizstärkeren Situationen im dritten Umfeld umgesetzt.
▸ Bei Umsetzung der Übungen im dritten Umfeld wird der Hund vorübergehend nur noch dort nach erfolgreicher Jagd aus dem Preydummy gefüttert, bis er unabhängig von der Situation das Erlernte einwandfrei ausführt.

▶ Später kann man den gemeinsamen Spaziergang mit dem Hund wieder mit den Jagdübungen kombinieren, ihn je nach Wetterbedingungen beispielsweise die Beute nach Hause tragen lassen und ihn dann dort aus dem Dummy füttern.

▶ Wenn der Hund sich nicht auf die gemeinsame Jagd einlässt und selbstständig andere Aktivitäten entwickelt, folgt ein Abbruch der Übung/Jagd, und man geht, ohne seinen Hund zu beachten, mit ihm wieder ins erste Umfeld zurück.

Eine Jagdübung für Fortgeschrittene im dritten Umfeld: Ein mit Steinen gefüllter Preydummy wird aus dem Wasser apportiert.

Leinenführspiel

Woher kommt das Leinenführspiel?

Hunde klären untereinander entweder durch Ignoranz (passive Dominanz) oder aktive Dominanz, wer die Führung hat. Aus der Art und Weise,
wie Hunde das untereinander tun, habe ich das Leinenführspiel entwik-
kelt. Dabei ist das wesentliche Merkmal, dass hierbei nicht gesprochen,
sondern etwas getan wird, was für den Hund viel klarer und aussage-
kräftiger ist.

Woher kommen Dominanzbereich und Unterordnungsbereich?

Von führen, sich führen lassen und folgen. Wer führt beim Marathonlauf
– derjenige, der vorne läuft, oder derjenige ganz hinten? Wer führt die
Kinder einer Schulklasse auf einem Ausflug an? Wer führt Sie durch ein
Museum? Tatsächlich ein Museumsführer. Und was sagt dann der
Museumsführer? Folgen Sie mir zum nächsten Raum. Und was tun Sie?
Sie „dackeln" hinterher. Bei einer matriarchalischen Elefantenherde
geht die ranghöchste Kuh vorne, wenn die Herde unterwegs ist. Die
anderen folgen ihr. Das Gleiche sieht man bei allen sozial lebenden
Säugetieren. Auch in bestimmten menschlichen Kulturen ist es noch
üblich, dass die Frauen hinter dem eigenen Mann herlaufen. (Natürlich
gibt es auch Männer, die fremden Frauen hinterherlaufen. Das ist jedoch
nicht unbedingt reine Unterordnung, sondern Jagdinstinkt.)

Wer führt, geht vorne

Vorne geht derjenige, der, falls unterwegs etwas passiert, die Entschei-
dungen treffen muss. Er hat die agierende, initiierende Rolle und somit
die stressigste Aufgabe. Diejenigen, die sich führen lassen, brauchen nur
zu folgen, nur so können sie sich am Führenden orientieren. Sobald der
Führende agiert, können die ihm im Unterordnungsbereich Folgenden –

falls erforderlich – darauf reagieren. Eine ziemlich komfortable Position, weil man sich selbst keine Gedanken machen muss, was zu tun ist. Das tut nämlich das Leittier. Deshalb folgen die Rangniedrigeren dem Dominanteren und laufen nicht vorne!

Grundlagen und Rahmenbedingungen des Leinenführspiels

Zielsetzung
Der Hund soll im Unterordnungsbereich an der Leine aufmerksam folgen. Sobald man stehen bleibt, soll der Hund im Unterordnungsbereich bleiben.

Motivation
Die Rangordnung klären und bestätigen. Vorkontrolle vor gemeinsamen Jagdgängen. Vorübung für das Bei-(Fuß)Gehen.

Lernsituation
zweites Umfeld (Garten oder großer, reizarmer Platz)

bester Moment
gelöster, aktiver Hund

Hilfsmittel
normales, eng anliegendes Halsband, kurze Leine (2 m), lange Leine (5 m)

Voraussetzung
Der Preydummy sollte schon während einer bestimmten Zeitspanne vor dem Leinenführspiel die einzige Nahrungsquelle und, wenn möglich, beim gemeinsamen Spiel eingesetzt worden sein.

ACHTUNG!
Bitte nur in Anwesenheit und nach Absprache mit einem professionellen Hundeerzieher und Verhalstensberater praktizieren!

Die Rangordnung wird geklärt: Aktiv dominante Phase beim Leinenführspiel. Dingo ist noch immer nicht einverstanden und nimmt daher mit erhobener Rute die Leine ins Maul (letztes Bild).

Wie geht das Leinenführspiel?

Die drei Phasen des Leinenführspiels werden nun grundsätzlich erläutert. Da jedoch jede Hundepersönlichkeit unterschiedlich auf das Leinenführspiel reagiert, muss man das Spiel je nach Hund unterschiedlich dosieren. Bei sensiblen Hunden werden die Gesten minimalisiert, bei ignoranten Hunden eher verstärkt.

Biggi ignoriert Jan. Auch Ignoranz ist eine Form der Dominanz.

Erste Phase = ignorant-dominante Phase

Sie haben den Hund an der 2 m langen Leine, die so locker hängt, dass der Karabinerhaken nach unten zeigt. Sie gehen vornweg, und der Hund bekommt nicht die Möglichkeit, vor Ihnen herzulaufen. Wenn er

versucht, nach vorne zu gehen, drehen Sie sich mit abrupten Bewegungen von ihm weg und wechseln und bestimmen so wieder die Richtung. In Ihren Bewegungen zeigen Sie eine dominante Körperhaltung: stolzer, aufrechter Gang. Der Hund wird dabei total ignoriert. Ihm bleibt nichts anderes übrig, als auf Sie zu achten. Er kann Sie nicht ignorieren, auch wenn er es möchte. Jedes Mal, bevor die Leine auf Grund der Unachtsamkeit des Hundes straff wird, zupfen Sie leicht und impulsartig daran, um die Aufmerksamkeit des Hundes wiederzuerlangen. Dieses Leinenzupfen ist keineswegs mit einem groben Leinenruck zu verwechseln und dient hier auch nicht der Korrektur! Wenn Sie abrupt stehen bleiben und gleichzeitig rückwärts in Richtung Hund einen Schritt zurückgehen, sollte der Hund Ihnen ausweichen und in Ihrem Unterordnungsbereich bleiben. Sobald die erste Phase erfolgreich absolviert wurde, gehen Sie über zur zweiten Phase.

Zweite Phase = aktive Dominanz

Der Hund steht hinter Ihnen. Sie gehen rückwärts an Ihrem Hund vorbei, bis er sich in Ihre Richtung umdreht und Ihnen frontal gegenübersteht. Dabei stehen Sie vor dem Hund und fixieren ihn direkt in die Augen. Kopf und Oberkörper halten Sie dabei leicht nach unten gebeugt. Nun gehen Sie in dieser Körperhaltung rückwärts und nehmen den Hund an der Leine in Ihre Richtung mit. Falls erforderlich mit leichtem Leinenzupfen die Aufmerksamkeit fordern. Ihre Körperhaltung drückt für den Hund eine dominante Spielaufforderung oder, bei Verstärkung der Geste, eine dominante Eingrenzung des Hundes aus.

Bleiben Sie nach einigen Schritten ruckartig stehen, gehen Sie einen oder falls erforderlich mehrere Schritte auf den Hund zu und fixieren Sie ihn weiterhin. Dabei richten Sie den Oberkörper wieder auf. Der Hund sollte daraufhin unterwürfiges (submissives) Verhalten zeigen, also z.B. sich hinsetzen, hinlegen oder ausweichen und wegschauen. Wenn der Hund versucht, spielerisch wegzulaufen, Spielaufforderungsgesten

Die ignorant-dominante Phase beim Leinenführspiel. Jan kommuniziert mit Biggi, indem er sie ignoriert. Er macht klar: Du sollst auf mich achten, denn ich bin dein Orientierungspunkt.

zeigt, sich spielerisch hinlegt und Sie fixiert, Sie spielerisch zu umkreisen versucht oder sich um die eigene Achse dreht, nehmen Sie die Leine kürzer – aber immer noch locker! –, fixieren den Hund und gehen auf ihn zu, bis er das gewünschte Verhalten zeigt. Falls Sie der Hund bei dieser Übung absolut ignoriert, können Sie auch beim Rückwärtsgehen ständig die Richtung ändern, indem Sie Haken schlagen. Können Sie die gewünschte Reaktion nicht hervorrufen, gehen Sie wieder zur ersten Phase zurück. Erreichen Sie, dass Ihr Hund sich submissiv zeigt, gehen Sie zur dritten Phase über.

Dritte Phase = Stop and Go

Drehen Sie sich so, dass der Hund schräg hinter Ihnen ist. Sie fixieren ihn mit dem Blick, der schräg über Ihre Schulter in seine Richtung geht. Sie schauen dorthin, wo Sie den Hund haben möchten. Nun stellen Sie sich vor, Ihr Oberkörper wäre durch ein Riesengummiband mit dem Hundekörper verbunden. Bei einer Vorwärtsbewegung tun Sie so, als ob Sie den Hund mit dem Oberkörper mitziehen wollten. Achtung: Die Leine bleibt weiterhin locker! So gehen Sie ein bis zwei Schritte und schauen weiter dorthin, wo der Hund sich befinden sollte –so lange, bis auch der Hund eine Vorwärtsbewegung macht. Diese Bewegung wird durch ein abruptes Beenden Ihrer Bewegung gestoppt. Dabei wird das dem Hund zugewandte Bein in einer abrupten Stoppbewegung nach hinten abgesetzt. Der Oberkörper wird aufgerichtet und etwas zurückgelehnt, der Blickkontakt nicht unterbrochen. Stoppt der Hund, verharren Sie einen kurzen Moment in dieser Position, bevor Sie das Ganze mit mehreren Schritten wiederholen.

Bauen Sie die Übung so weit aus, dass Sie so mehrere Meter gehen können. Nun verfeinern (minimalisieren) Sie nach und nach die Körper-

Aktiv-dominante Phase beim Leinenführspiel. Biggi hat schon gelernt, Jan zu folgen (1–4). Nun zeigt er ihr: Wo ich bin kannst du nicht sein (5–7). Biggi versteht und begibt sich in Jans Unterordnungsbereich (8).

gesten, bis Sie so eine längere Strecke zurücklegen können. Ziel ist es, den Hund auf die durch Ihre Augen angedeutete Position zu verweisen. Bei jedem Stopp sollte der Hund etwas zurückweichen und im Unterordnungsbereich bleiben.

Feine Korrekturen und Tempowechsel in der dritten Phase
Wenn der Hund nicht direkt stoppt, folgen mehrere Schritte nach rückwärts in seine Richtung. So wird der Hund sowohl physisch als auch psychisch zurückgestellt. Zeigt er das gewünschte Verhalten, wird mit

Tempowechseln weitergegangen. Der Hund soll sein Tempo Ihrem sofort anpassen und bei jedem Stopp das gewünschte Zielverhalten zeigen. Durch Tempowechsel erreichen Sie, dass der Hund auf Sie achten muss. Sobald der Hund das gewünschte Verhalten zeigt, wird er verbal bestätigt. Falls er Sie überholt, gehen Sie sofort in die zweite Phase zurück. Endziel sollte sein, dass der Hund an der lockeren Leine im Unterordnungsbereich aufmerksam folgt, wobei Sie jeden gemeinsamen Schritt durch Ihre Vorgabe initiieren und stoppen können.

Ihr Hund muss lernen: Unterordnung führt zum Erfolg
Wenn alles bis hierhin klappt, wird das „Stop and Go" auch an der 5 m langen Leine geübt. Wenn auch das erfolgreich war, können Sie das Leinenführspiel mit einer Apportierübung abschließen. Sie werfen den Preydummy rückwärts an Ihrem Hund vorbei in den Unterordnungsbereich und schicken ihn direkt zum Apportieren los. Dann bekommt der Hund einen Teil der Beute aus dem Preydummy. Auf diese Weise bemerkt der Hund von Anfang an, dass Ihre Dominanz eine funktionelle Dominanz ist und seine Orientierung an Ihnen im Unterordnungsbereich zum Erfolg führt.

Individuelle Vorgehensweise
Ein ruhiges, weniger stark akzentuiertes Leinenführspiel an der 2 m langen Leine sollte durchgeführt werden

Stop and Go beim
Leinenführspiel.
Biggi folgt jedem
gemeinsamen
Schritt und stoppt,
wenn Jan stoppt.

▸ bei pubertierenden Hunden, um Streit zu vermeiden;
▸ bei hektischen, sensiblen Hunden;
▸ bei Hunden, die weniger auf den Menschen geprägt sind.
Bei dominant-agressiven Hunden niemals ohne professionelle Hilfe
das Leinenführspiel beginnen.

Das ziemlich stark akzentuierte Leinenführspiel kann man anwenden

▸ bei Hunden, die gut auf den Menschen geprägt sind;
▸ bei schlecht erzogenen Familienhunden, die zwar etwas dominant
sind, jedoch nicht zur Aggression neigen.

Das Leinenführspiel verbessert die Kommunikation

Das Endziel des Leinenführspiels ist auch, die Kommunikation zwischen
Mensch und Hund immer weiter zu verfeinern. Das Leinenführspiel soll
später nur noch mit minimalem Körpereinsatz ablaufen.

Wenn Sie mein Buch bisher aufmerksam gelesen haben, dürfte es für
Sie selbstverständlich sein, dass sich die Rangordnung nicht nur durch
das Leinenführspiel klären lässt. Es ist lediglich eine tägliche Vorkontrolle, ob die Beziehung noch immer so aussieht, wie Sie sie sich vorstellen. Bei irgendwelchen Formen von Aggressionsverhalten muss das
Leinenführspiel sofort abgebrochen werden. Suchen Sie sich dann
professionelle Hilfe.

Gemeinsame erfolgreiche Jagd

Auch Hunde beschäftigen sich mit dem Ernst des Lebens und versuchen, durch die Jagd ihre Existenz zu sichern. Der Mensch könnte denken: „Mein Hund braucht doch nicht zu jagen, seine Existenz ist dadurch gesichert, dass er jeden Tag sein Futter aus dem Napf bekommt." Der Hund weiß aber nicht, dass es nicht mehr notwendig ist zu jagen. Er hat nicht umsonst von Mutter Natur den Jagdinstinkt mitbekommen.

Das Ende der gemeinsamen erfolgreichen Jagd: Beute aus dem Preydummy.

Werden Sie die Lebensversicherung Ihres Hundes

Wenn Sie Ihrem Hund mit Natural Dogmanship® alles beibringen, was er für eine erfolgreiche gemeinsame Jagd mit Ihnen auf den Preydummy braucht, sind Sie als Mensch seine Lebensversicherung. So werden Ihre Signale wie z.B. Sitz, Down (Platz), Bei (Fuß), Bleib, Rechts, Links, Voran für ihn zu Jagdstrategien. Wird Ihr Hund dann diese Signale widerwillig ausführt oder eher gerne befolgt? Diese Signale sind Anweisungen und Vorschläge für unseren Hund, die ihm Erfolg bringen und nicht unbedingt strikt zu befolgende Kommandos. Er darf also folgen und sieht dies als seine Lösung und Möglichkeit an, um überleben zu können. Die andere Möglichkeit – nicht zu folgen – gefährdet seine Existenz. Die Entscheidung für einen ziel- und erfolgsorientierten Hund ist klar.

Spaß bei der gemeinsamen Jagd

Wenn man in einem Team mit anderen Mitarbeitern zusammenarbeitet, diese Zusammenarbeit gut klappt und man deshalb erfolgreich ist, gibt dies ein gutes Gefühl und macht Spaß. Genauso kann die gemeinsame Jagd für das Mensch-Hund-Team ein gutes Gefühl geben und dem Hund und auch dem Menschen Spaß machen. Als Grundlage ist es deshalb wichtig, dem Hund das Apportieren – das Aufnehmen und Transportieren der Beute – beizubringen. Dies ist der letzte Teil einer Jagdsequenz, der den Welpen in der Natur als Erstes beigebracht wird. Und wie schon gesagt: Kann Ihr Hund fressen, kann er auch apportieren.

Aufbau des Apportierens

Grundlagen und Rahmenbedingungen des Apportierens

Zielsetzung
Der Hund soll auf Ihr Hör-/Sichtzeichen „Apport" den Preydummy aufnehmen, zu Ihnen tragen, in Ihre Hände abgeben und sich danach im Unterordnungsbereich hinsetzen.

Motivation
Beziehungsaufbau durch Kreieren eines gemeinsamen Ziels. Befriedigung des Jagdinstinkts. Die Rangordnung klären, da der Hund die ganze Beute abgibt und Sie die Beute verteilen.

Lernsituation
Erstes oder zweites Umfeld (Garten oder großer, reizarmer Platz)

bester Moment
gelöster, aktiver, etwas hungriger Hund

Hilfsmittel
Preydummy, ca. 1,5 m langes dünnes, weiches Seil, normales, eng anliegendes Halsband, lange Leine (ca. 5 m lang)

Voraussetzung
Der Preydummy sollte schon während einer bestimmten Zeitspanne vor dem Apportieren die einzige Nahrungsquelle sein. Für das gemeinsame Spiel gibt es außer dem Preydummy kein anderes Spielzeug mehr.

Das Beutespiel mit dem Dummy als erste Phase des Apportierens.

Die vier Phasen des Apportierens stellen nur die ersten Grundlagen beim Aufbau des Apportierens dar. Sie sind auch kein „Schema F", nach dem man jedem x-beliebigem Hund das Apportieren auf die gleiche Weise beibringen kann. Natürlich gibt es unterschiedliche Möglichkeiten, das Apportieren aufzubauen. Es ist je nach Rasse und Hundepersönlichkeit individuell zu beurteilen. Auch Welpen können schon ab einem Alter von etwa sieben Wochen damit beginnen. Um möglichen Fehlern vorzubeugen, wäre es sinnvoll, auch hierbei professionelle Unterstützung einzuholen, weil professionelle Trainer Ihren Hund richtig einschätzen können. Haben Sie die vier Phasen erfolgreich durchlaufen, gibt es unendlich viele Möglichkeiten und Variationen für die gemeinsamen Jagdübungen. Doch zunächst nun die einzelnen Übungsphasen Schritt für Schritt.

Erste Phase

Zunächst ist es wichtig, dem Hund klarzumachen, dass der Preydummy auch für Sie sehr interessant ist. Spielen Sie selber mit dem mit Futter gefüllten Preydummy. Sobald der Hund daran Interesse zeigt, darf er sich am Spiel beteiligen. Während des Spiels mit dem Hund hat der Preydummy die zentrale Rolle. Am Anfang geben Sie die Beute noch nicht aus den Händen, sondern halten sie an einer Seite fest und fordern den Hund damit zum Beutespiel, zum Hinterherjagen auf. Sobald der Hund darauf reagiert und wenn möglich den Preydummy mit seinem Fang festhält, geben Sie begeistert das Hörsignal „Apport". Dann nehmen Sie ihm den Preydummy freundlich aus dem Fang. Nun darf Ihr Hund, während Sie den geöffneten Dummy weiter festhalten, einen kleinen Teil daraus fressen.

Zweite Phase

Jetzt befestigen Sie das 1,5 m lange Seil am Preydummy. Sie halten den Dummy in der Hand fest und machen das gleiche Spiel wie in der ersten Phase. Genau dann, wenn der Hund den Preydummy festnehmen möchte, lassen Sie ihn auf den Boden fallen. Weil der Hund seine begonnene Handlung meistens noch zu Ende führen will, nimmt er nun die Beute vom Boden auf. Mit dem Seil holen Sie den Hund mit dem Hörsignal „Apport" vorsichtig zu sich heran und loben ihn. Sobald der Hund bei Ihnen ist, nehmen Sie ihm begeistert den Dummy ab, und er darf einen Teil der Beute aus diesem fressen.

Dritte Phase

Der Hund hat nun auf diese Weise den Preydummy verschiedene Male aufgenommen, und Sie haben die Beute an sich genommen. Ihr Hund hat dabei die Erfahrung gemacht, dass Sie von beiden der bessere „Metzger" sind und die Beute ratzfatz öffnen können. Jetzt wird es wichtig zu erreichen, dass der Hund die Beute letztendlich von sich aus zurückbringt.

Zunächst geschieht dies an der 5 m langen Leine, die am Halsband des Hundes befestigt wird. Der Preydummy ist wieder an einem Seil befestigt. Die Endschlaufe des Seils halten Sie in der Hand. Der Preydummy wird nun auf dem Boden hinterhergeschleppt, um auf diese Weise eine Hetzjagd zu beginnen. Das Seil wird so schnell und ruckartig

Die zweite Phase des Apportierens kann man später in der dritten Phase als eine richtige Hetzjagd ausbauen.

In der vierten Phase wird der Preydummy in den
Unterordnungsbereich geworfen (1–3),
von wo der Hund ihn dann apportieren darf (5–6).

vom Hund wegbewegt, dass der Hund die Beute nicht direkt packen kann. Nachdem er eine kurze Weile hinterher gehetzt hat, lassen Sie plötzlich das Seil los. Der Hund soll die Beute aufnehmen, und Sie geben gleichzeitig das Hörsignal „Apport". Nun nehmen Sie die lange Leine in die Hand und holen Ihren Hund begeistert ein. Sobald er bei Ihnen ist, nehmen Sie ihm die Beute ab.

Der Hund muss etwas tun für die Beute

Ab jetzt wird dem Hund vor dem Fressen aus dem Preydummy noch eine Übung abverlangt. Fangen Sie mit der Übung „Sitz im Unterordnungsbereich" an. Nachdem der Preydummy abgegeben wurde, bewegen Sie ihn wie später unter „Sitz" (siehe S. 142) beschrieben nach oben, bis der Hund im Unterordnungsbereich sitzt. Fortan wird jede Übung mit einem Freigabesignal (z.B. Free) aufgehoben. Ab der dritten Phase fixieren Sie den Hund, während Sie den geöffneten Preydummy unter Ihr Kinn halten. So demonstrieren Sie Besitzverhalten. Erst wenn der Hund Respekt zeigt indem er z.B. wegguckt oder sich etwas zurückkneigt, bekommt er nach Ihrer Freigabe Futter aus dem Preydummy.

Vierte Phase

Der Hund ist an der 5 m Leine. Sie haben die Endschlaufe der Leine in der Hand. Nun initiieren Sie ein Beutespiel. Zeigt der Hund Interesse, wird der Preydummy in Ihren Unterordnungsbereich zurückgeworfen. Der Hund wird animiert, dem Dummy hinterher zu laufen und ihn aufzunehmen. Sobald der Hund hinterherläuft, wird dieses Verhalten mit dem Signal „Apport" belegt. Sie holen den Hund nicht mehr an der Leine zu sich heran. Die Leine dient nur zur Absicherung gegen eventuelles Weglaufen mit der Beute. Sobald der Hund mit dem Preydummy bei uns ist, nehmen Sie den Preydummy an sich. Nun wird die Übung „Down" (Platz, siehe S. 144) vor dem Füttern aus dem Preydummy eingeübt. Sobald der Hund liegt, darf er nach der Freigabe einen Teil der Beute aus dem Preydummy fressen.

Hierauf ist zu achten

- Jede richtige Aktion des Hundes wird verbal mit Lob bestätigt. Je nach Temperament des Hundes müssen hier natürlich Unterschiede gemacht werden.
- Bei jeglichem noch so kleinen Ansatz von aggressivem Verhalten des Hundes sofort stoppen und professionellen Rat einholen!
- Niemals den Hund in der Lernphase des Apportierens korrigieren!
- Niemals das Wort „Aus" zum Abgeben der Beute benutzen. Vor allem dann nicht nicht, wenn das Wort „Aus" bedeutet, dass Ihr Hund etwas loslassen soll, was er nicht in den Fang nehmen darf.
- Spielen Sie mit dem Preydummy nicht übertrieben aufdringlich direkt vor der Nase des Hundes , da sich eine natürliche Beute immer vom

Hund wegbewegt. Nur suizidgefährdete Karnickel hüpfen freiwillig direkt in den Fang eines Hundes.

▸ Den Hund nicht in die Leine laufen lassen! Das bedeutet, dass die Beute, wenn der Hund an der Sicherheitsleine übt, nicht über die Leinenlänge hinaus geworfen werden darf.

▸ Am Anfang immer in der Nähe Ihres Körpers trainieren.

▸ Den Hund anfangs nur hinter sich – also im Unterordnungsbereich – apportieren lassen.

▸ Nur mit dem Apportieren beginnen, wenn er sich im Unterordnungsbereich befindet.

▸ Am Anfang immer an langer Leine trainieren, um Fehlern vorzubeugen.

▸ Falls man später mit mehreren Preydummys oder auch mit anderen Gegenständen Apportierübungen machen möchte, empfiehlt sich eine Apportiertasche, damit man die restlichen Gegenstände nicht mehr auf dem Boden liegen hat (irritiert evtl. den Hund).

▸ Beim Apportieren anfangs vor eine Wand oder Mauer stellen, damit der Hund nicht an Ihnen vorbeirennen oder Sie umkreisen kann.

Biggi hat den Preydummy zurückgebracht (1). Sie bekommt zunächst das Signal „Sitz" (2–3)und muss sich vor dem Füttern in die Downposition legen (4–5).

Mögliche Probleme	Mögliche Lösungen
1. PHASE Hund zeigt kein Interesse am Preydummy.	Mehr Begeisterung beim Spiel, Beute vom Hund weg bewegen, evtl. Preydummy mit Pansen, Käse oder anderen Leckereien füllen.
Hund zeigt zwar Interesse, aber nimmt das Preydummy nicht fest.	Ständiges ungezwungenes Wiederholen des Spiels, beim Füttern aus dem Beutel den Beutel pausenlos vom Hund wegbewegen. Der Hund muss also hinterher.
Hund beißt/zwickt beim Beutespiel in die Hand. Hund fordert vehement Beute von uns ab.	Sofort ohne Aggression Spiel beenden.
2. PHASE Hund rennt beim Beutespiel hinterher, nimmt den fallen gelassenen Preydummy nicht auf.	Eine Phase zurück im Trainingsniveau. Sobald der Hund den Preydummy festnimmt, lassen Sie den Dummy kurz los und nehmen ihn dann direkt wieder fest.
3. PHASE Hund rennt zwar der am Seil befestigten Beute beim Spiel hinterher, nimmt den Preydummy jedoch nicht auf.	Eine Phase zurück im Trainingsniveau. Beute ohne Seil etwas weiter wegwerfen.
4. PHASE Hund will mit dem Preydummy weglaufen oder umkreist Sie.	Den Hund an der langen Leine mit Begeisterung einholen.
Hund lässt den Preydummy nach dem Aufnehmen wieder fallen.	Ende der Begeisterung, Hund an der Leine einholen, Preydummy bleibt liegen. Erfolglose Jagd bedeutet kein Futter; nach ein paar Minuten Übung wiederholen
Hund gibt den Preydummy nicht ab oder fängt Zerrspiel an.	Leine kurzhalten, damit der Hund sich nicht hinlegen kann. Preydummy nicht festhalten und warten, bis der Hund den Preydummy loslässt, dann loben

Aufbau der Jagdsignale

Motivation

Klare Strukturen bei der Zusammenarbeit schaffen. Vorbeugung von situationellen Konditionierungen. Bessere Verständigung.

Material

5 m lange Leine, Preydummy

Lernsituation

1. oder 2. Umfeld (Garten oder großer, reizarmer Platz)

Anhaltspunkte

▸ *Direkt verbal bestätigen (innerhalb einer Sekunde), sobald der Hund in der Lernphase gewünschtes Verhalten auch nur ansatzweise zeigt. Jede richtige Aktion des Hundes wird verbal mit Lob bestätigt. Je nach Übung und Temperament des Hundes müssen hier natürlich Unterschiede gemacht werden.*

▸ *Ein Signal gilt so lange, bis es mit einer Freigabe (z.B. Free) beendet oder durch ein anderes Signal ersetzt wird.*

▸ *Beendet der Hund ein Signal selbstständig, wird es noch einmal wiederholt.*

Gelerntes muss gefestigt werden

Bei den unten genannten Übungen werden ausschließlich die Lernphasen der grundlegenden Jagdsignale beschrieben. Die Signale können sich nur durch Wiederholungen und Erhöhung des Schwierigkeitsgrades festigen. Dies bedeutet, dass nachdem sich die Signale im ersten und zweiten Umfeld gefestigt haben, diese auch im dritten Umfeld umgesetzt werden müssen.

Eindeutige, klare Signale verwenden

Ihnen ist mit Sicherheit aufgefallen, dass ich anstelle des Signals „Platz" „Down" und anstelle von Fuss" „Bei" gewählt habe. Dies hat seinen guten Grund. In Deutschland werden viele Wörter mit scharfem „S" am Ende ausgesprochen. Hunde reagieren aber besonders auf die letzten Klangtöne eines Wortes, und somit gibt es zu wenig Unterschiede zwischen den Kommandos „Sitz", „Platz", „Fuß" und „Aus".

Sehr häufig sehe ich in meinem Hundezentrum zweifelnde Hunde, sobald diese ein „tz"-Wort hören. Ein Besitzer gibt seinem Hund das Kommando „Platz" – der Hund setzt sich . Der Besitzer drückt ihn nach unten und sagt mit böser Stimme „Ich habe doch Platz gesagt!" In diesem Fall würde ich sagen, dass der Hund keinen Fehler gemacht, sondern der Besitzer keine eindeutigen Kommandos verwendet hat.

Positiv verknüpfte Signale verwenden

Wenn Hunde bereits Kommandos mittels klassischer Konditionierung erlernt haben, sind diese Kommandos oft mit etwas Negativem verknüpft worden. Daher ist es in diesen Fällen immer besser, neue Wörter als Jagdsignale zu benutzen, um auf diese Weise eine positive Verknüpfung mit den Signalen herzustellen. Dies tue ich tagtäglich mit Hunden, an denen ich sehen kann, dass sie überhaupt nicht gerne mit dem eigenen Besitzer zusammenarbeiten. Oft werden die benutzten Kommandos streng und zwingend, fast wie eine Strafe ausgesprochen, und der Hund hat ganz klar eine negative Assoziation damit aufgebaut. In fast allen Fällen sehe ich, dass der Hund auf die neuen Jagdsignale motiviert reagiert und sich eine bessere Beziehung zwischen Mensch und Hund aufbaut. Der Hund orientiert sich gern an demjenigen, der ihm die neuen Signale beigebracht hat – hoffentlich sein Besitzer. Siehe hierzu auch das Negativbeispiel zu „Sitz" im auf Seite 33 unter „Denkvermögen des Hundes" und auf Seite 92l unter „Klassische Konditionierung" das Beispiel über das Erlernen des Kommandos „Fuß".

Jagdsignale vermitteln Sicherheit

Da der Hund durch das Befolgen der Jagdsignale seine Existenzmöglichkeiten durch effektivere Nahrungsbeschaffung verbessert, werden diese Jagdsignale ihm Sicherheit geben. Die Jagdsignale sind also nicht bloße Unterordnung, sondern vermitteln dem Hund in unbekannten oder schwierigen Situationen bekannte Strukturen. Ihr Signale sind so eine

Die Jagdsignale kann man auch dazu nutzen, in der „freien Wildbahn" eine Suchübung mit etwas Agility zu kombinieren und den Hund dabei gezielt anzuleiten.

wichtige Orientierungshilfe für ihn. Immer wenn Sie Ihrem Hund ein Jagdsignal geben, tragen Sie die Verantwortung, dass Ihr Hund es befolgen kann, ohne sich über seine Sicherheit Gedanken machen zu müssen. Was ist also zu tun, wenn Sie die Sicherheit des Hundes in einer Situation nicht mehr gewährleisten können? Sie heben alle Jagdsignale durch das Signal „Free" auf und gehen möglichst mit dem Hund sofort aus dieser Situation heraus.

Übung „Sitz"

Endziel
Hund sitzt im Unterordnungsbereich und achtet auf seine Bezugsperson.
Er bleibt so lange sitzen, bis anderes Signal oder Freigabe erfolgt.

Bester Moment
gelöster, aktiver, etwas hungriger Hund

Jan zeigt die Handgeste
„Sitz", unterstrichen durch
eine deutliche Körpersprache.

Nachdem der Hund apportiert hat, nehmen Sie ihm die Beute ab. Die Hand mit dem Preydummy bleibt unten und wird nach hinten in Ihren Unterordnungsbereich bewegt. Der Hund sollte dieser Bewegung folgen. Schauen Sie schon auf die Stelle, auf der Sie Ihren Hund haben wollen. Dies alles passiert immer an der Seite, an der Sie später Ihren Hund führen möchten. Sobald sich der Hund im Unterordnungsbereich befindet, bewegen Sie die Beute oberhalb seines Kopfes nach oben und behalten diese Position bei, bis er sitzt. In dem Moment, in dem der Hund sich hinsetzt, wird das verbal mit ruhiger, leicht erhobener Stimme mit „Sitz" belegt (mit der Betonung auf „tz"). Sobald der Hund sich hingesetzt hat, wird der Preydummy geöffnet. Um vorzubeugen, dass der Hund seine Position verlässt, bleiben Sie und Ihre Hand beim Öffnen des Preydummys in der gleichen Position, und Sie blicken dem Hund dabei in die Augen. Ist der Hund währenddessen sitzen geblieben, darf er nach dem Signal „Free" (= Beendigung des Signals „Sitz") aus dem Preydummy einen Teil der Beute fressen. Bewegen Sie dafür den Preydummy auf Nasenhöhe des Hundes nach unten. Sobald diese Übung auf Anhieb einwandfrei klappt, minimalisieren Sie Ihre Handgeste. Später muss die Handgeste auch ohne Preydummy den gleichen Effekt haben.

Übung für Welpen

Bei Welpen kann man schon vom ersten Tag an mit dem Erlernen von Signalen beginnen. Da man seinen Welpen mehrmals am Tag füttern muss, werden die Futtersituationen ausgenutzt, um mit dem Preydummy den Welpen mit der oben beschriebenen Handgeste in die Sitzposition zu stimulieren. Dann darf er sofort nach Freigabe aus dem Preydummy fressen.

„Sitz" muss ein Hund nicht lernen, dass kann er. Er muss nur lernen, das Signal zu verstehen – und das kann auch schon ein Welpe.

Mögliche Probleme	Mögliche Lösungen
Hund folgt dem Preydummy nicht.	Apportierspiel wiederholen zum Check, ob er dem Preydummy folgt. Wenn ja, apportieren lassen und Übung wiederholen. Wenn nein, aufhören und zu einem späteren Zeitpunkt wieder anfangen.
Hund setzt sich nicht.	Ständiges ungezwungenes Wiederholen der Handgeste, wobei der Mensch stehen bleibt, bis der Hund die richtige Lösung findet und sich hinsetzt.
Hund springt hoch/fordert vehement Beute/zwickt/bellt etc.	Sofort ohne Aggression Übung beenden und später wiederholen.
Hund steht, nachdem er sich hingesetzt hat, vorzeitig wieder auf.	Einen evtl. geöffneten Preydummy wieder zumachen und die Handgeste wiederholen, und zwar so lange, bis der Hund auch hier die richtige Lösung gefunden hat, nämlich sitzen zu bleiben bis zur Freigabe.
Hund legt sich hin, anstatt sich zu setzen.	Man bewegt sich nach hinten, bis der Hund folgt, und wiederholt hierbei die Geste.

Übung „Down"

Endziel

Hund liegt im Unterordnungsbereich und achtet auf die Bezugsperson. Er bleibt so lange liegen, bis anderes Signal oder Freigabe erfolgt.

Bester Moment

gelöster, etwas müder, hungriger Hund

Nachdem der Hund apportiert hat, nehmen Sie ihm die Beute ab. Die Hand mit dem Preydummy bleibt unten und wird nach hinten in Ihren Unterordnungsbereich bewegt. Der Hund soll dieser Bewegung folgen. Schauen Sie auch jetzt schon wieder auf die Stelle, auf der Sie den Hund haben wollen. Dies alles passiert immer an der Seite, an der Sie später Ihren Hund führen möchten. Sobald sich der Hund im Unterordnungsbereich befindet, bewegen Sie die Beute weiter nach unten bis zum Boden und gehen hierbei in die Hocke. Der Preydummy wird dabei von Ihrer Hand bedeckt. Behalten Sie diese Position bei, bis der Hund sich hinlegt. In dem Moment, in dem er sich legt, wird dies verbal mit ruhiger, tiefer Stimme mit „Down" begleitet. Sobald der Hund liegt, wird der Preydummy geöffnet. Um hierbei vorzubeugen, dass der Hund die Position verlässt, bleiben Sie und Ihre Hand beim Öffnen des Preydummys in der gleichen Position, und Sie schauen dem Hund dabei in die Augen. Ist der Hund während dessen liegen geblieben, darf er nach dem Signal „Free" (= Beendigung des Signals „Down") aus dem Preydummy einen Teil der Beute fressen.

Auch bei „Down" minimalisieren Sie die Handgesten immer mehr, sobald die Übung auf Anhieb klappt. Später soll die Geste auch ohne Dummy als Signal genügen.

Die Handgeste „Down".

Übung für Welpen

Auch mit dem Erlernen des Down-Signals kann der Welpe schon am ersten Tag bei Ihnen beginnen. Auch hier wird die Futtersituation ausgenutzt, um mit dem Preydummy den Welpen mit der oben beschriebenen Handgeste in die Downposition zu stimulieren. Dann darf er sofort nach Freigabe aus dem Preydummy fressen. Es ist wichtig, diese Übungen ohne jegliche Form von Druck ins gemeinsame Spiel einzubinden .

Auch dieser Briard-Welpe kennt schon das „Down"-Signal für „Anfang der Jagd".

Mögliche Probleme	Mögliche Lösungen
Hund folgt dem Preydummy nicht.	Apportierspiel wiederholen zum Check, ob er dem Preydummy folgt. Wenn ja, apportieren lassen und Übung wiederholen. Wenn nein, aufhören und zu einem späteren Zeitpunkt wieder anfangen.
Hund legt sich nicht hin.	Ständiges ungezwungenes Wiederholen der Handgeste oder die Hand auf dem Boden lassen, wobei der Mensch in der Hocke bleibt, bis der Hund die richtige Lösung findet und sich hinlegt.
Hund springt an / fordert vehement Beute / zwickt / bellt etc.	Sofort ohne Aggression Übung beenden und später wiederholen.
Hund zwickt in die Hand, die den Preydummy festhält, oder versucht, den Preydummy festzunehmen.	Übung abbrechen und später zurück zur Übung Sitz. Nur bei ganz klarem Zurückweichen oder Wegschauen des Hundes diesen füttern.
Hund steht, nachdem er sich hingelegt hat, vorzeitig wieder auf oder setzt sich hin.	Einen evtl. geöffneten Preydummy wieder zumachen und die Handgeste wiederholen, und zwar so lange, bis der Hund auch hier die richtige Lösung gefunden hat, nämlich liegen zu bleiben bis zur Freigabe.
Hund setzt sich hin, anstatt sich zu legen.	Handgeste bleibt unten, bis der Hund die richtig Lösung gefunden hat, oder Handgeste wiederholen, bis der Hund sich hinlegt.

Wieso die Übung „Hier"?

In meinen Anfangsjahren als Servicehundetrainer in den 80-er Jahren haben wir Servicehunden ca. 80 Kommandos beigebracht. Natürlich waren meine Kollegen und ich richtig stolz, dass die von uns ausgebildeten Hunde so viele Kommandos beherrschten. Ich bemerkte aber nach einiger Zeit, dass die Kommunikation zwischen Mensch und Hund umso besser wird, je weniger Signale man zur Verständigung braucht.

Hierzu ein Beispiel *Folgende Kommandoabläufe wurden damals eingesetzt, um einen Hund einen Gegenstand zurückbringen zu lassen:*

Look ▸ *Der Hund soll sich auf den Gegenstand orientieren.*
Get it ▸ *Der Hund soll zum Gegenstand hinlaufen und diesen aufnehmen.*
Hold ▸ *Der Hund wird stimuliert, den Gegenstand festzuhalten.*
Bring ▸ *Der Hund soll mit dem Gegenstand im Fang zu uns kommen.*
Give ▸ *Der Hund soll den Gegenstand in die Hand abgeben.*

Heute benutze ich folgende Signalabläufe:
Apport ▸ *Der Hund soll zum angezeigten Gegenstand hinlaufen, diesen aufnehmen und mit dem Fang festhalten, zu mir kommen und ihn in meine Hand abgeben.*

Ähnliches gilt für „Hier" und „Bei". Was möchten Sie erreichen, wenn Sie Ihren Hund mit „Hier" rufen? Wahrscheinlich, dass er zu Ihnen kommt und bei Ihnen bleibt, bis Sie etwas Anderes sagen. Was möchten Sie erreichen, wenn Sie zu Ihrem Hund „Bei" sagen? Vermutlich das Gleiche.

Ein Kommando soll effizient sein

Auch ich habe wie viele andere Hundetrainer meine Karriere auf einem
so genannten Hundeplatz begonnen. Dort bedeutete das Kommando
„Hier", dass der Hund zu einem kommen und vorsitzen sollte. Danach
folgte das Kommando „Fuß", auf das der Hund aus der „Hier"-Position
hinten herumgehen musste, um sich letztendlich neben das linke Bein
zu setzen. Damals habe ich als Richter bei Prüfungen auf die genaue
Ausführung dieser Kommandos achten müssen, um diese beurteilen zu

Balou kommt „Bei",
wenn Andreas auf
seinen Oberschenkel
klopft.

können. Allerdings habe ich da schon häufig gesehen, dass Hunde sich
anscheinend gefragt haben „Was soll das, erst vorsitzen, obwohl ich
sowieso weiß, dass ich mich direkt danach links „bei Fuß" hinsetzen
muss?" Deshalb haben wir damals in der holländischen Begleithundeprüfung diese Regel so umgeändert, dass man keine Strafpunkte beim
Kommando „Hier" erhielt, wenn der Hund sich direkt links neben den
Hundeführer setzte. Dies war für uns der Beweis für einen normal intelli-
genten Hund, der auf Effizienz orientiert ist.

Auch Menschen sind auf Effizienz orientiert. Die meisten Hundebesitzer nehmen sich im normalen Alltag nicht die Mühe, beim „Hier"-Rufen
den Hund wirklich vorsitzen zu lassen und auf diese Weise das Kommando konsequent zu Ende zu führen (ist auch viel zu lästig und deshalb
ineffizient).

Ein Signal für einen ganzen Handlungsablauf

Das Signal „Bei" vereinigt beide Übungen in sich. Dieses Signal bedeutet
nämlich, dass der Hund Ihnen an einer Seite aufmerksam folgen soll,
wenn Sie gehen, und sobald Sie stehen bleiben, sich auf dieser Seite im
Unterordnungsbereich hinsetzen soll.

Übung „Bei"

Endziel
Der Hund soll an einer festen Seite im Unterordnungsbereich an lockerer Leine oder frei aufmerksam folgen und sich hinsetzen, sobald Sie stehen bleiben.

Bester Moment
gelöster, aktiver, etwas hungriger Hund

Voraussetzung für die Übung „Bei" ist, dass der Hund die Übung „Sitz" im Unterordnungsbereich bereits erlernt hat. Es gibt verschiedene Möglichkeiten, einem Hund das Signal „Bei" zu vermitteln. Hier ein paar davon:

Erste Möglichkeit
Der Hund ist an der 5 m langen Leine und setzt sich bereits an der Seite hin, an der Sie ihn später mit dem Signal „Bei" führen möchten. Das Sich-Hinsetzen in dieser Position wird mit dem Signal „Bei" belegt. Direkt danach darf der Hund als Bestätigung in Ihrem Unterordnungsbereich den Preydummy apportieren. Das Endziel wird mit dem Signal „Bei" verknüpft, das für den Hund gleichzeitig „Anfang der Jagd" bedeutet. Nachdem der Hund apportiert hat, wird er jetzt nicht direkt aus dem Preydummy gefüttert, sondern Sie klopfen mit dem Preydummy an Ihr Bein und gehen einige Schritte vorwärts. Sobald der Hund folgt, wird dies verbal mit „Bei" belegt. Nach einigen Schritten stoppen Sie und warten, bis der Hund sich im Unterordnungsbereich hinsetzt (falls erforderlich zur Hilfe das Sichtsignal „Sitz" geben). Auch das wird wiederum mit dem Signal „Bei" belegt. Jetzt darf der Hund nach dem Signal für Freigabe aus dem Preydummy fressen. Nun bedeutet das Signal „Bei" nicht nur „Anfang der Jagd", sondern auch „Endergebnis der Jagd".

Zweite Möglichkeit
Der Hund befindet sich in der Sitz-Position an der 5 m langen Leine im Unterordnungsbereich. Sie legen den Preydummy etwa einen Meter hinter Ihren Hund und stellen sich wieder neben ihn, gehen vorwärts und klopfen dabei mit der Hand auf Ihren Oberschenkel. Wenn der Hund Ihnen in der gewünschten Position folgt, geben Sie das Signal „Bei". Sofort wird dieses Verhalten damit bestätigt, dass der weiter hinten liegende Preydummy vom Hund apportiert werden darf. Die weitere Vorgehensweise ist wie bei der ersten Möglichkeit.

Dritte Möglichkeit
Hier wird die erfolgreiche Ausführung des „Stop and Go" beim Leinenführspiel mit „Bei" und Handgeste (Klopfen auf den Oberschenkel)

Der Preydummy wird in den Unterordnungsbereich geworfen (1) und Callum muss zunächst aufmerksam „Bei" gehen (2), bevor er die Beute apportieren darf (3–5) und dann einen Teil davon bekommt (6).

„Bei" ist die Voraussetzung dafür, dass der Hund einen Teil der Beute aus dem Preydummy erhält.

belegt. Nun wird aus heiterem Himmel der Preydummy in den Unterordnungsbereich geworfen, und der Hund darf diesen direkt auf Ihr Signal apportieren. Der weitere Ablauf ist gleich wie bei der ersten Möglichkeit.

Übung variieren

Wenn der Hund das Signal „Bei" kennt, werden graduell die Strecken verlängert. Auch wird die Übung schwieriger gemacht, indem man z.B. die oben beschriebene Ausgangsposition verändert. Hierfür stellt man sich anfangs eine Vierteldrehung vom Hund weg und ruft diesen mit dem Signal „Bei" und Klopfen auf den Oberschenkel zu sich. Dann tut man das Gleiche, aber stellt sich dem Hund gegenüber. Später vergrößert man in dieser Position den Abstand immer mehr. Und siehe da, der Hund kommt zu Ihnen und setzt sich im Unterordnungsbereich neben Sie.

Dann kommt die Phase, in der Sie den Hund in größerem Abstand umkreisen und während dieser Bewegung die bekannten Signale geben. Und siehe da, der Hund kommt neben Sie, und Sie können einfach mit ihm weitergehen. Praktisch, nicht wahr?

Übung für Welpen

Während des gemeinsamen Spiels mit Ihrem Welpen (natürlich mit einem Preydummy) fordern Sie Ihren Welpen auf, hinter dem in Ihrer Hand befindlichen Preydummy herzugehen. Hierbei lassen Sie Ihre Hand unten. Sobald der Hund dem Preydummy folgt, klopfen Sie mit diesem auf Ihren Oberschenkel und geben das Signal „Bei", wenn der Hund in

der richtigen Position ist. Nachdem Sie einige Schritte auf diese Weise gegangen sind, werfen Sie den Preydummy nach hinten und lassen diesen direkt apportieren. Dann erfolgt der Abschluss der Übung wie bei der ersten Möglichkeit beschrieben.

Mögliche Probleme	Mögliche Lösungen
Der Hund versucht immer wieder, vorne zu gehen.	Leinenführspiel und die dritte Möglichkeit wählen.
Hund setzt sich nicht hin, wenn Sie stehen bleiben.	Hilfsgeste für „Sitz" einbauen, ansonsten Signal „Sitz" neu üben.
Hund bleibt sitzen, obwohl Sie weitergehen.	Vorsichtiges Zupfen an der Leine, während Sie weitergehen. Lesen Sie hierzu auch noch mal die dritte Phase des Leinenführspiels.
Bei der zweiten Möglichkeit schaut der Hund nur noch nach dem Preydummy und achtet nicht mehr auf Sie.	Übung abbrechen und Leinenführspiel und dritte Möglichkeit wählen.
Hund springt hoch, kläfft, beißt in die Leine oder zwickt.	Abbruch der Übung = erfolglose Jagd, Sie fangen keinen Streit mit Ihrem Hund an und bieten später die gleiche Übung nochmals an.

Aufbau Steadiness (Distanzkontrolle)

Steadiness heißt, Übungen für längere Zeit stabil auszuführen (steady = beständig, dauerhaft). Letztendlich bedeutet es auch die zuverlässige Ausführung der Signale auf weitere Abstände (Distanzkontrolle) und unter Ablenkung. Steadiness muss langsam und schrittweise aufgebaut werden. Jeder kleinste Fehler des Hundes bedeutet meist, dass Sie schon einen Schritt zu weit gegangen sind. Also war es letztendlich Ihr Fehler, nicht der Ihres Hundes.

Ausgangsposition

Den Anfang macht man mit der so genannten „Dreieckssituation", wobei Sie die 5 m lange Leine des Hundes noch festhalten. Der Hund befindet sich zuerst in der „Down-Position". Dann entfernen Sie sich sehr langsam von ihm und fixieren ihn. Wenn Sie sich so einige Schritte von ihm entfernt haben, legen Sie wie in Zeitlupe den Preydummy auf den Boden. Danach bewegen Sie sich vom Preydummy weg und stellen sich so, dass zwischen Ihrem Hund, Ihnen und dem Preydummy ein flaches Dreieck entsteht. Sie spielen also bei dieser Übung wortwörtlich die zentrale Rolle bei der gemeinsamen Jagd.

Dreieckssituation erste Phase

Erst dann, wenn der Hund in Ihre Richtung schaut, geht Ihre Hand als Faust geformt langsam etwas in Richtung Preydummy. Ist der Hund liegen geblieben und beobachtet aufmerksam die Hand, strecken Sie impulsartig den Arm mit nun geöffneter Hand in Richtung Preydummy. Gleichzeitig geben Sie das Signal „Apport", der Hund darf den Dummy apportieren. Er lernt: Liegen bleiben lohnt sich, denn das führt zum Erfolg bei der Jagd.

Mögliche Probleme	Mögliche Lösungen
Der Hund steht vor dem Signal „Apport" auf oder rennt sogar direkt los.	*Übung wieder neu aufbauen, Preydummy an eine andere Stelle ablegen.*
Hund schaut nicht Sie, sondern nur den Preydummy an.	*So lange warten, bis der Hund Sie anschaut, und dann sofort losschicken.*
Hund apportiert nicht.	*Zurück zum Aufbau Apportierübungen.*

Der Mensch spielt die zentrale Rolle in der Dreieckssituation. Erst wenn sich Mona auf Holger konzentriert (1) wird sie zum Apportieren geschickt (2–5) und erhält einen Teil der Beute, wenn sie sich im Unterordnungsbereich gesetzt hat (6–7).

Dreieckssituation zweite Phase

Die gleiche Dreieckssituation wird auf ähnliche Weise aufgebaut, der Abstand zwischen Hund, Mensch und Preydummy bis auf Leinenlänge (5 m) vergrößert. Der Hund befindet sich wieder in der „Down"-Position. Jetzt rufen Sie ihn jedoch zuerst mit dem Signal „Bei" (Sicht- und Hörzeichen) zu sich. Allerdings erst dann wenn Ihr Hund Sie auch an schaut. Sobald der Hund sich im Unterordnungsbereich hingesetzt hat, wird er wie oben beschrieben impulsartig zum Apportieren losgeschickt. Hier läuft der Jagderfolg des Hundes wortwörtlich über seine Bezugsperson. Deshalb ist diese Form der Dreieckssituation eine wichtige Basisübung, bevor man weiter Steadiness aufbaut. Hat der Hund den Preydummy abgegeben, bekommt er einen Teil der Beute aus dem Preydummy – natürlich im Unterordnungsbereich.

Kleiner Tipp: Wenn Sie Ihren Blick auf die Stelle fixieren, an der sich Ihr Hund hinsetzen soll, geben Sie ihm eine Hilfe zum schnelleren Erfolg. Das kennzeichnet einen guten Lehrer.

In der zweiten Phase der Dreieckssituation führt der Erfolg wortwörtlich nur noch über den Menschen. Holger legt den Preydummy aus (1) und begibt sich auf seine Position (2–3). Nun muss Mona zuerst zu ihm kommen und sich setzen (4–5), bevor sie den Preydummy apportieren darf (6–8).

Mögliche Probleme

Der Hund kommt nach dem Signal „Bei" nicht zu Ihnen, sondern versucht, den Preydummy direkt zu apportieren.

Hund kommt zwar zu Ihnen, läuft aber dann direkt zum Preydummy.

Der Hund kommt zwar zu Ihnen, setzt sich jedoch nicht.

Mögliche Lösungen

Leine so festhalten, dass der Hund nicht zum Preydummy kommt, und das Signal „Bei" so lange wiederholen, bis der Hund letztendlich dieses ausführt. Ansonsten im Niveau zurückgehen.

Mit dem Hör- und Sichtsignal „Bei" stimulieren, dass der Hund kommt und sich setzt, gleichzeitig mittels Leine dem vorbeugen, dass der Hund den Preydummy aufnehmen kann. Ansonsten Übung neu.

Nochmals Signal für "Bei" geben und mit den Augen die Stelle fixieren, an die sich der Hund setzen soll.

Dreieckssituation dritte Phase

Jetzt stellen Sie sich, ohne dass Sie den Preydummy vorher ausgelegt haben, als „Vorjäger" schon auf die richtige Stelle im Dreieck. Dann wird zum ersten Mal der Preydummy geworfen, um die Dreieckssituation aufzubauen. Geworfen wird aus dem Handgelenk heraus, ohne den Arm dabei zu strecken. Anfangs werfen Sie noch nicht so weit. Der Hintergrund: Sich bewegende Beute stellt einen starken Reiz dar. Wenn der Hund dabei trotzdem liegen geblieben ist, folgt wieder das Signal „Bei". Sie wollen mit dieser Übung erreichen, dass der Hund nicht sofort loslegt, sobald sich etwas in seinem Umfeld bewegt, sondern dies von Ihnen als „Vorjäger" abhängig macht. Wenn der Hund die „Bei"-Position eingenommen hat, wird er, nachdem Sie gemeinsam eine Weile in dieser Position verharrt haben - es baut sich dabei positive Spannung auf -, wie oben beschrieben zum Apportieren losgeschickt.

Mögliche Probleme	Mögliche Lösungen
Der Hund springt beim Werfen des Preydummys auf.	*Sie gehen an die Position, an der der Hund liegen sollte, und geben ihm dort erneut das Down-Signal. Dann Übung wiederholen.*
Probleme wie bei zweiter Phase	*Lösungen siehe dort.*

Steigerung: Sie stehen stufenweise immer näher am Hund und werfen den Preydummy. Am Ende stehen Sie direkt neben Ihrem Hund, der während des Werfens sitzen oder liegen bleibt. Später können Sie mehrere Preydummys werfen und Ihren Hund zu den Dummys dirigiren.

Dreieckssituation dritte Phase: Während die Beute geworfen wird, soll der Hund liegen bleiben (1). Nun wird er wieder „Bei" und ins „Sitz" gerufen (2–3) und erst dann zum Apportieren geschickt (4–5).

5

Dreieckssituation vierte Phase

Der Übungsaufbau der Phasen eins bis drei wird in gleicher Weise
wiederholt, nur dass sich nun der Hund hierbei in der Sitz-Position befindet. Der Preydummy wird dabei allmählich immer weiter weggeworfen.
Nun geben Sie dem Hund in der Dreieckssituation aus der Sitz-Position
heraus auf Entfernung das Signal „Down". Der Hund soll sich an der
Stelle, an der er sich befindet, hinlegen. Danach liegt die Entscheidung
bei Ihnen, ob er zuerst das Signal „Bei" befolgt, also zu Ihnen kommt,
oder auf direktem Wege zum Apportieren geschickt wird.

Während Mona die Beute fixiert, fixiert Holger Mona über den Prey-dummy zurück.

Mögliche Probleme	Mögliche Lösungen
Hund steht beim Down-Signal auf und kommt zu Ihnen.	Hund wieder in ursprüngliche Position bringen und Übung in der Down-Position zu Ende führen. Erst danach Wiederholung der ganzen Übung wie oben beschrieben.
Hund steht beim Down-Signal auf und bleibt auf der Position stehen.	Down-Signal wiederholen, falls notwendig hierbei einen Schritt auf den Hund zugehen.
Hund steht auf, geht einige Schritte auf uns zu und legt sich dann erst hin.	Hund in richtige Position zurückbringen und Übung wiederholen.
Hund rennt in Richtung Preydummy.	Dem vorbeugen, dass der Hund den Preydummy aufnehmen kann. Übung wiederholen und Signal „Down" auf ruhigere Weise vermitteln. Falls notwendig, einige Schritte auf den Hund zugehen.

Erst wenn Mona wegschaut, beendet Holger das Signal und teilt die Beute.

Dreieckssituation fünfte Phase

Ab jetzt wird mit mindestens zwei Preydummies gearbeitet, und die Dreieckssituation sieht etwas anders aus. Sie entfernen sich auf Leinen-länge, nachdem Sie dem Hund das „Down"- oder „Sitz"-Signal gegeben haben. Dann werfen Sie einen Preydummy links und einen anderen rechts von Ihrem Hund (5 m Entfernung vom Hund).

Die Dreieckssitua-tion wird zum Trapez erweitert und es sind zwei Preydummys im Spiel.

Von nun an gibt es unendlich viele Variationsmöglichkeiten, wie Sie die Dreieckssituation gestalten und welche Jagdsignale Sie benutzen. Je weniger die Situationen für den Hund vorhersagbar sind, desto spannen-der wird es. Sie können dem Hund nun auch die Signale „Rechts" und „Links" beibringen. Man kann den Hund entweder zu sich rufen, oder zu ihm gehen und ihn abholen. Danach könnte man mit seinem Hund zwischen beiden Preydummies mit dem Signal „Bei" hin und her gehen und ihn dann plötzlich auf einen der Preydummies losschicken. Man kann sich gemeinsam mit seinem Hund bis auf einen Meter an den Preydummy heranschleichen und den Hund dann apportieren lassen. Unendlich viele Möglichkeiten – seien Sie ein guter Jagdstratege!

Übungen dürfen nicht vorhersagbar sein

Die Variationen sind wichtig, da die Situationen für den Hund nicht vorhersehbar sein dürfen. Andernfalls wird er auf situationelle Abläufe konditioniert, Sie aber möchten doch unabhängig von der Situation das Verhalten des Hundes in hohem Maße beeinflussen. Also vermeiden Sie situationelle Konditionierungen und wiederkehrende Schemata. Sie möchten doch ganz sicher keine instrumentelle Beziehung zu Ihrem Hund aufbauen, oder?

Weiterer Aufbau von Distanzkontrolle

Ersetzen Sie hierfür die 5 m lange Leine durch ein 5 m langes dünnes Seil als Schleppleine. Fortan üben Sie die Distanzkontrolle mit der Schlepp-leine und schneiden jede Woche ca. 10 cm von dieser ab, bis nur noch ein kleines Stück oder gar nichts mehr am Halsband hängt. Nun legen Sie den Preydummy etwa einen Meter hinter dem Hund ab, kehren zu ihm zurück und gehen mit dem Signal „Bei" vom Preydummy weg. Das Signal „Bei" lassen Sie ihn immer länger ausführen, anfangs über einen Abstand von 10 bis 20 m, später über mehr als 500 m. Dann erst schicken Sie den Hund zum Apportieren zurück, während Sie selber weitergehen.

Variationen
Dies kann man auch gut auf einem Pfad mit Kurven üben, damit sich der Hund, nachdem er den Preydummy apportiert hat, auf die Suche nach Ihnen machen muss. Hiermit wird auch die Zeitspanne des Tragens der Beute aufgebaut.

Diese Übung genau andersherum, nämlich mit dem Hund „Bei" bis zu einem Meter vor dem Preydummy zu gehen, bevor er apportieren darf, ist eine gute Vorübung für die spätere Übung „Halbe-Wege Down".

Pfeife verwenden
Nach dem Aufbau von Steadiness in allen Grundübungen kann es sinnvoll sein, für eine bessere Abstandskontrolle das Signal „Down" mit einem Trillersignal einer Doppelflöte zu verknüpfen. Dies eröffnet die Möglichkeit, auch auf Abstand alle möglichen Aktivitäten des Hundes direkt stoppen zu können.

Das Tragen der Beute wird hier auf dem Waldweg in Form eines Jagdspaziergangs weiter ausgebaut.

Übung „Leine"

Endziel
Der Hund soll sich auf das Signal „Leine" auf diese hinlegen, bis er die Freigabe oder aber ein anderes Signal erhält. Dies hat den Vorteil, dass Sie, wo immer Sie auch sind, die Liegestelle des Hundes bei sich haben.

Bester Moment
gelöster, etwas aktiver Hund, nach einer Apportierübung vor dem Füttern

Erste Phase im ersten Umfeld

Legen Sie die Leine auf eine nicht strategische Stelle im Wohnzimmer. Bringen Sie den Hund an diese Stelle und geben Sie dort die Handgeste „Down". Legt der Hund sich auf der Leine hin, folgt das verbale Signal „Leine". Sobald der Hund liegt, wird der Preydummy geworfen, und er darf ihn auf Ihr Signal hin direkt apportieren. Wenn er den Dummy zurückgebracht hat, wird er wieder auf der Leine positioniert und erhält Futter aus dem Dummy. Diese Übung wiederholen Sie mehrmals, wobei Sie den Abstand zwischen sich und der Leine schrittweise vergrößern, so dass Sie später auf größere Entfernung den Hund auf die Leine schicken können. Während aller Aufbauphasen wird der Hund nur noch auf der Leine gefüttert.

Zweite Phase im zweiten Umfeld

Zunächst setzen Sie die Aufgabe wie oben beschrieben auch im zweiten Umfeld um. Der Hund ist dabei an der 5 m langen Leine. Klappt die Übung, können Sie weiter aufbauen. Jetzt wird nicht nur die Leine ausgelegt, sondern auch ein Preydummy etwa drei Meter hinter die Leine gelegt. Bevor der Hund auf die Leine geschickt wird, fixieren Sie diese mit dem Blick und wenden den Körper in Richtung Leine. Jetzt schicken Sie den Hund mit dem Signal „Leine" dorthin. Gleichzeitig weisen Sie den Hund mit ausgestrecktem Arm auf die Leine. Der weitere Verlauf folgt wie oben. Auch diese Übung ist eine gute Vorbereitung für die Übung „Halbe-Wege-Down" (siehe S. 164).

Dritte Phase im dritten Umfeld

Zunächst setzten Sie die Aufgaben der ersten und zweiten Phase im dritten Umfeld schrittweise um. Haben Sie Erfolg, können Sie wieder verschiedene Stufen im Aufbau dazunehmen.

In der Ausgangsposition liegt der Hund im Unterordnungsbereich. Für diese Übung ist der Hund an der 5 m langen Leine. Nun legen Sie die normale Hundeleine fünf Meter vor sich auf den Boden. In einem Abstand von wiederum fünf Metern legen Sie rechts und links neben der Leine jeweils einen Preydummy ab. Kehren Sie zum Hund zurück und

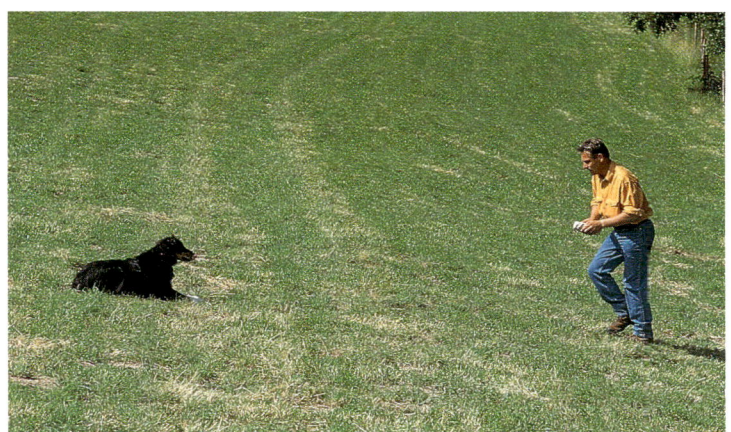

Das Signal „Leine"
als Ausgangs- und
Endpunkt der Jagd.
Belmondo liegt
zunächst auf der
Leine, apportiert
von dort aus den
Preydummy und
bekommt den Teil
der Beute erst, wenn
er wieder auf der
Leine liegt.

schicken Sie ihn auf die Leine. Von seiner Position aus schicken Sie ihn
dann zu einem der ausgelegten Dummies. Wichtig ist, den Hund erst
dann loszuschicken, wenn er auf Sie achtet. Sobald er bei Ihnen ist, wird
er erneut auf die Leine geschickt. Jetzt darf er auf Ihr Signal auch den
anderen Preydummy apportieren und wird, wieder auf der Leine liegend,
mit Futter aus dem Preydummy bestätigt.

   Nun können Sie diese Übung beliebig schwieriger machen und den
Hund über größere Abstände auf die Leine schicken oder ihn zuerst auf
die Leine schicken und über ihm hinweg einen Preydummy werfen, den
er erst dann apportieren darf, wenn er zu Ihnen gekommen ist.

Mögliche Probleme	Mögliche Lösungen
Hund geht anstatt auf die Leine in Richtung Preydummy.	Mit langer Leine dem vorbeugen, dass der Hund zum Preydummy kommt. Das Signal „Leine" wiederholen, bis der Hund sich auf die Leine legt. Ansonsten zurück zur vorigen Übungsphase.
Hund steht ständig auf.	Signal „Leine" und Handgeste für Down wiederholen. Ansonsten eine Übungsphase zurück.
Hund legt sich neben die Leine.	Hund in richtige Position bringen und Übung wiederholen.
Hund spielt mit der Leine.	Abbruch der Übung. Ende erfolgreiche Jagd.

Halbe-Wege Down

Die Übung „Halbe-Wege Down" hat das Ziel, den Hund immer – auch während der Jagd – stoppen zu können, sogar wenn er schon ganz nah an der Beute ist. Außerdem ermöglicht sie, das Schwierigkeitsniveau der Jagdübungen z.B. durch das Dirigieren auf Abstand zu erhöhen.

Halbe-Wege Down Richtung Bezugsperson

1. Phase

Der Preydummy liegt hinter dem Hund im Abstand von ca. 1-2 m. Sie stehen vor Ihrem Hund in einem Abstand von 10 m und schicken den Hund direkt zum Apportieren.

2. Phase

Die nächste Phase hat die gleiche Ausgangsposition. Sie rufen den Hund zu sich. Sobald der Hund in Ihre Richtung läuft, schicken Sie ihn zum Apportieren.

3. Phase

Gleiche Ausgangsposition. Sie rufen den Hund wieder zu sich, und nun erfolgt auf halber Strecke das Signal „Down". Sobald er liegt, darf er den Preydummy apportieren.

Halbe-Wege Down Richtung Beute

1. Phase

Der Hund liegt in ihrem Unterordnungsbereich, und Sie werfen einen Preydummy auf etwa zehn Meter Abstand von sich weg. Genau zwischen sich und den Preydummy legen Sie die Leine. Jetzt schicken Sie den Hund los zum Apportieren. Bevor er die Leine erreicht, geben Sie das Signal „Down", falls notwendig mit dem Hilfssignal „Leine".

Sobald der Hund sich hingelegt hat, nehmen Sie einen zweiten Prey-dummy und werfen ihn zehn Meter hinter sich. Der Hund wird direkt auf diesen Preydummy zum Apportieren losgeschickt. Erst danach darf er den ersten Preydummy holen.

2. Phase

Diese Übung wird mit größeren Abständen wiederholt, wobei letztendlich die Leine als Hilfsmittel wegfällt.

Mögliche Probleme	Mögliche Lösungen
Hund macht Fehler, weiß nicht, was er tun soll.	*Zunächst überprüfen, ob Sie eindeutige Signale geben. Falls ja, eine Phase im Aufbau zurück.*

Die Endphase beim Halbe-Wege Down Richtung Bezugs-person: Im Kommen gibt Erik Jack das Signal „Down" (1–3). Erst wenn er das befolgt hat, darf Jack den hinter ihm liegenden Preydummy auf Eriks Signal hin apportieren (4–6).

**Vielfältige
Möglichkeiten
mit
Natural
Dogmanship**®

Überblick und Ideengeber

In diesem Kapitel stelle ich Ihnen eine Auswahl verschiedener Möglichkeiten vor, um zu zeigen, wie vielfältig Natural Dogmanship® in unterschiedlichsten Trainingsformen und -zielen umgesetzt werden kann. Es
gibt natürlich noch viel mehr! Dies würde allerdings den Rahmen dieses
Buches sprengen. Hoffentlich gelingt es mir aber, Ihre Kreativität
hinsichtlich der Beschäftigungsmöglichkeiten mit Ihrem Hund mit
diesem Kapitel anzuregen.

**Kinder können unter-
wegs auch eine Rolle in
der gemeinsamen Jagd
spielen. So wird die Jagd
zur Familienaktivität.**

Familienhund

Für einen zufriedenen Hund ist nicht nur die körperliche Auslastung,
sondern auch die geistige Beschäftigung enorm wichtig. Natural
Dogmanship® bietet hier viele Möglichkeiten. Die Grundlage, die Sie mit
den Übungen aus den vorherigen Kapiteln mit Ihrem Hund aufgebaut
haben, können Sie jetzt im Alltag mit Ihrem Hund umsetzen. Und Sie
werden sehen, dass man auch im täglichem Leben in der Familie ziemlich unproblematisch und ohne größeren Zeitaufwand gemeinsam mit
dem Vierbeiner etwas Spannendes unternehmen kann.

Der Hund als Haushaltshilfe

Viele Hausfrauen und Hausmänner werden sich nun freuen, wenn sie
lesen, dass ihr Hund sich auch an der Hausarbeit beteiligen kann. Zwar
müssen Sie den Kaffee und die Butterbrote beim Frühstück noch selber
machen, aber aufessen kann er sie, und einen Staubsauger für Krümel
brauchen Sie dann auch nicht mehr … (nee, nur ein kleiner practical
joke). Aber all diese Dinge kann Ihr Hund lernen: Zeitung und Post holen,
vor dem Fernsehen die Pantoffeln bringen, teilweise Einkäufe in die
Wohnung tragen etc.

Spannende Jagdausflüge mit dem Menschenrudel

Auf einem gemeinsamen „Spaziergang" mit den Kindern können diese
den Preydummy verstecken, und der Hund darf ihn dann auf ihr Signal

Auch spielerische Übungen sind mit Natural Dogmanship® möglich: Jan und Belmondo beim Slalom zwischen den Beinen.

suchen und apportieren. Hohle Baumstämme sind z.B. ein sehr gutes Versteck. Sie können den Preydummy auch ganz hoch im Baum verstecken, so dass der Hund ihn nicht erreichen kann. Bei dieser Gelegenheit bringen Sie ihm die Signale „Laut" und „Genug" bei und hinterlassen zudem einen Rieseneindruck, da Sie als Einziger den Preydummy wieder herunterholen können. Der gemeinsame „Spaziergang" mit dem Hund wird auch für ihn spannend gemacht, da er nie weiß, wann es nun endlich losgeht mit der gemeinsamen Jagd. Und auch Sie werden dabei jede Menge Spaß haben.

Der Wald als Agility-Parcours

Baumstämme eignen sich auch sehr gut für kleine Agility-Übungen. Hinter einen quer liegenden Baumstamm einen Preydummy legen, den Hund darüberspringen und den Preydummy in gleicher Weise zurückbringen lassen. Beim Slalom zwischen Bäumen kann man sehr gut das Kommando „Bei" üben.

Ideen für den Garten

Im Garten oder sogar im Haus kann man dem Hund kleine „Kunststücke" wie z.B. Slalom durch die Beine beibringen. Kleinere Hunde können lernen, durch die Arme, die man zu einem Kreis geformt hat, hindurchoder über ein Bein zu springen. Oder verbuddeln Sie einen Preydummy im Sandkasten (der am besten nur für den Hund da ist), und lassen Sie Ihren Hund auf Ihr Signal danach suchen und ihn apportieren.

Kleine Erfrischung

Im Sommer sind viele Hunde froh über eine „erfrischende" Übung. Füllen Sie ein kleines Becken mit Wasser. Dann legen Sie einen mit Korken gefüllten Preydummy hinein. Der Hund darf den Preydummy aus dem Wasser apportieren. Diese Übung kann man natürlich noch etwas schwerer machen, indem man den Preydummy mit Kies füllt und ins Wasser wirft. Und selbstverständlich funktionieren diese Übungen auch an freien Gewässern.

Jagdhundtraining und Fährtenarbeit

Jagdhundtraining ist nicht nur für die bekannten Jagdhundrassen geeignet. Jeder Hund jagt gern, und deshalb ist diese Form von Training für jede Rasse eine tolle Beschäftigung.

Sie können alles, was Sie Ihrem Hund bis jetzt beigebracht haben, in schwierigeren Jagdübungen umsetzen. Dazu gehört z.B. das „Voranschicken", ohne dass der Preydummy in Sicht ist, auf extrem große Distanzen. Mit den Signalen „Links" und „Rechts" kann man den Hund besser dirigieren. Halbe-Wege Down oder Sitz kennt der Hund, damit man jede Jagdhandlung sofort unterbrechen kann. Für das Jagdhundtraining außer Sichtweite oder auf sehr großer Distanz ist es jedoch erforderlich, den Hund auf die Flötensignale zu prägen.

Signalpfeife
Die dünnere Seite der Pfeife, also die ohne Triller, wird für die Verknüpfung des Signals „Bei" benutzt. Produzieren Sie dazu kurze, stoßende Pfeifsignale (tüt, tüt, tüt etc.), aber anfangs nur dann, wenn der Hund schon im Unterordnungsbereich sitzt und von Ihnen aus dem Preydummy gefüttert wird. Er erhält aus dem Preydummy einen so genannten „Jackpot", also etwas ganz Besonderes, z.B. getrockneten Pansen, Fisch, Käse oder Wurst. Das Pfeifensignal muss für den Hund also „Jackpot" – die beste aller Belohnungen – bedeuten.

Wenn Sie dies häufiger wiederholt haben, beginnen Sie damit, das Signal ständig ein bisschen früher zu geben, also z.B. wenn der Hund noch nicht sitzt, aber schon neben Ihnen ist. Oder wenn er nicht direkt neben Ihnen ist, Sie aber aus unmittelbarer Nähe anschaut. Steigern Sie das in kleinen Schritten immer weiter, bis der Hund auf großer Distanz ist und nicht herschaut.

Belohnung durch Jackpot

Natürlich wird dieses gewünschte Verhalten gerade in der Lernphase durch den „Jackpot" bestätigt. Dadurch wird das von Ihnen abverlangte Befolgen des Signals für den Hund logisch nachvollziehbar. Wichtig ist, dass Sie sparsam mit diesem Signal umgehen. Es muss für den Hund etwas Besonderes bleiben. Und auch wenn es später in ernsten Situatio-

Eine Fährte wird ausgelegt.

nen umgesetzt und nicht immer dabei gefüttert wird, muss es eine
positive Konsequenz haben, und der Hund darf mindestens einen Preydummy apportieren. Achten Sie darauf, dass Sie zumindest einmal
pro Woche das Pfeifsignal für „Bei" geben und der Hund seinen „Jackpot"
erhält. Das kann auch ein Knochen sein, den er auf diese Weise als
besondere Belohnung bekommt.

**Carry bei der Fähr-
tenarbeit. Der Mini-
Preydummy markiert
den Endpunkt.**

Trillerpfeife

Die dickere Seite der Pfeife gibt ein Trillersignal, das der Hund später
als Signal für „Down" verknüpfen wird. Beginnen Sie mit den Übungen,
wenn der Hund das Signal „Down" bereits gut beherrscht.

Auch hier fangen Sie direkt in Ihrer Körpernähe an. Füttern Sie den
Hund aus dem Preydummy, sobald er sich auf das Signal „Down" hingelegt hat, und verbinden Sie dies mit dem Trillersignal. In der nächsten
Phase sitzt der Hund etwas entfernt. Wenn Sie das Trillersignal, jetzt
noch kombiniert mit dem Down-Signal, geben, gehen Sie gleichzeitig
schon einige Schritte auf ihn zu. Sobald der Hund liegt, darf er aus dem
Preydummy fressen.

**Jeder Hund muss
zunächst lernen,
die Signale aus der
Pfeife überhaupt
zu verstehen.**

Langsam aufbauen

In der ersten, ziemlich langen Lernphase kehrt man immer wieder zum
Hund zurück und füttert ihn in dieser Position. Auch in der Phase, in der
das Trillersignal weiter stabilisiert werden soll, darf man dem nicht
entgegenwirken, indem man den Hund abruft oder die Signalpfeife für
„Bei" benutzt. Später können Sie dann den Hund z.B. voranschicken,
durch die Trillerpfeife stoppen und ihn anschließend rechts oder links
zum Suchen des Preydummys schicken. Durch das Dirigieren auch auf
Abstand bleibt die Jagd etwas Gemeinsames, und Sie beugen dem vor,
dass Ihr Hund zum Solitärjäger wird.

Fährtenarbeit

Auch bei dieser Form der Suchjagd ist es wichtig, diese von Anfang an kontrolliert aufzubauen. Der Faktor Wind spielt hierbei eine große Rolle, denn in der Lernphase legt man die Fährten immer mit Rückenwind.

Wie legt man eine Fährte?

Sehen Sie den Preydummy als ein „Ersatzkaninchen" auf der Flucht vor Ihnen und Ihrem Hund. Tiere auf der Flucht lösen sich, einerseits weil sie sich dann voll auf die Flucht konzentrieren können, und andererseits weil der Kot einen Ablenkungsreiz (Futter) für den Beutegreifer darstellt. Wenn dieser von den „Häppchen" nascht, gibt er dem Tier einen Vorsprung bei der Flucht.

Die Fährte legen Sie anfangs auf einer Wiese, wobei Sie am Anfang der Fährte mit den Füßen über den Boden scharren. Dann legen Sie mit schleppendem Gang die Fährte in einer geraden Linie von anfangs ca. 10 bis 20 m, wobei Sie schon am Anfang der Fährte alle 2 bis 3 m ein Futterbröckchen mit dem Fuß leicht in den Boden drücken. Am Ende liegt, wenn möglich außer Sichtweite, der Preydummy versteckt.

Wie schickt man seinen Hund auf die Fährte?

Wichtig ist und bleibt, dass der Hund nur mit der Fährte beginnen darf, wenn er Ihnen im Unterordnungsbereich an der 5 m langen Leine dorthin folgt. Zu Anfang der Fährte geben Sie ihm das Signal „Down". Er liegt jetzt mit seiner Nase genau am Ansatz der Fährte. Dann gehen Sie vor und zeigen mit der Hand auf das erste Bröckchen, während Sie gleichzeitig den Hund mit dem Signal „Such" zum Suchen auffordern. Frisst er das erste Bröckchen, wird dies mit „Such" bestätigt, während Sie schon das nächste Bröckchen anzeigen. Allmählich bleiben Sie etwas zurück und schicken den Hund weiter nach vorne, die Hand deutet in Richtung des nächsten Bröckchens. Jedesmal, wenn Ihr Hund ein Futterbröckchen

Charly lernt die Signale „links"und „rechts" als Vorstufe für das Revieren.

gefunden hat, geben Sie das Signal „Such". So erreichen Sie, dass der Hund etwas vor Ihnen geht und die Fährte konzentriert ausarbeitet.

Schwierigkeit steigern
Bei späteren Übungen werden die Abstände zwischen den Bröckchen ständig größer, bis letztendlich keine Bröckchen mehr auf der Fährte ausgelegt werden. Auch die Länge der Fährte wird weiter ausgebaut. Später kann man Kurven einbauen, einen Bach überqueren, mehrere Gegenstände suchen lassen und das Ganze kombinieren mit eine⌐ hoch versteckten Beute, die mit „Laut" angezeigt werden muss.

„Such verloren" anhand von Revieren
Hier geht es um das Suchen der Beute, die - ohne dass eine direkte Fährte vorhanden ist - direkt über den Geruch gefunden werden soll. Dabei kann die Beute überall liegen oder hängen.
Der häufigste Fehler beim Jagdhundtraining wird gerade bei dieser Übung gemacht. Allzu häufig wird ein Hund allein suchen geschickt. Er ist dann natürlich auch allein auf der Jagd. Später ärgert man sich, wenn man den Hund nicht mehr kontrollieren kann. Deshalb suchen Sie immer gemeinsam mit Ihrem Hund ein bestimmtes Gebiet ab.

Rechts und links
Dazu muss der Hund aber erst revieren lernen, wobei Sie mit den Signalen „Such links" und „Such rechts" dafür sorgen, dass Sie Ihren Hund beim Suchen dirigieren. Hierfür muss die Distanzkontrolle schon recht gut sein, weil letztendlich das Revieren nicht nur auf einer Wiese, sondern auch in Waldgebieten geübt wird. Für den Übungsaufbau gibt es verschiedene Möglichkeiten: Der Hund erfährt: Auch wenn er links einen Preydummy liegen sieht, ist es vernünftig, Ihrem Signal selbst dann zu folgen, wenn Sie ihn nach rechts schicken. Dort haben Sie

Airedale-Terrier-Welpe Garotto hat mit Silvia zusammen Spaß am Fly-Preydummy-Gerät.

nämlich schon vorher einen Dummy versteckt. Wenn der Hund dann ganz nah an der verstecken Beute ist, geben Sie das Suchsignal. Er lernt, dass Sie der schlauere Jäger sind und wissen, wo die bessere Beute liegt. Die gleiche Übung machen Sie jetzt mit zwei versteckten Preydummys, einem rechts und dem anderen links. Zuerst wird der Hund zur einen Seite zum Suchen geschickt, dann zur anderen. Der nächste Schritt ist, über eine große Wiese mehrere Preydummies rechts und links zu vertei-len. Nun legen Sie Ihren Hund am Anfang der Wiese in der Mitte ab. Von dort aus schicken Sie ihn nach rechts und links zum Suchen. Sie selbst gehen dabei auf der Mittellinie ständig weiter nach vorne, bis das ganze Terrain durch den Hund abgesucht wurde und Sie alle Preydummies wieder zurückhaben.

Revieren erlernen anhand von einer Fährte

Legen Sie zunächst eine Fährte in einem weiten Zickzack-Kurs, wobei Sie auf jedem Kehrtpunkt einen Preydummy auslegen. Nun schicken Sie den Hund über die Fährte erst links, dann rechts, dann links etc. zum Suchen. Auf diese Weise wird die ganze Wiese abgesucht, bis alle Preydummies gefunden sind.

Dann legen Sie von einer Mittellinie aus abwechselnd um die 5 m kurze Fährtenstücke nach links und rechts und werfen von dort aus je einen Preydummy noch ein Stückchen weiter weg. Allmählich bauen Sie so das Hilfsmittel Fährte immer mehr ab und schicken Ihren Hund nur noch von der Mitte aus abwechselnd nach links und rechts.

Agility

Über Agility sind schon viele Bücher veröffentlicht worden. Deshalb möchte ich hier die Hindernisse und Übungen nicht ausführlich beschreiben. Trotzdem halte ich es für angebracht, etwas über das Phänomen Agility zu schreiben.

Frustration beim Agility

Viel zu häufig sehe ich auf Agility-Parcours frustrierte Menschen und Hunde. Die Frustration des Menschen sieht man, wenn er nicht ausrei-chend Kontrolle über den Hund hat und deshalb der gewünschte Erfolg ausbleibt. Der Mensch ist dann womöglich auch enttäuscht von seinem Hund.

Viele Hunde werden durch Kontrollverlust von ihrem Menschen frustriert. Kontrollverlust deshalb, weil der Mensch Ansätze zeigt, nach vorne zu rennen, die Führungsarbeit zu übernehmen. Der Hund gibt sich deshalb jede Mühe, seinen Menschen hinter sich zu lassen, und läuft kläffend quer vor ihm her, als wollte er sagen: „Bleib bloß zurück!" Dies ist sehr häufig eine der Ursachen, warum Hunde zu früh von Hindernissen abspringen: um vor ihrem Menschen weiterlaufen zu können. Bei plötzlichen Kurven, bei denen der Mensch auf einmal vorne ist, ziehen manche Hunde sogar die Notbremse, indem sie ihre Besitzer anspringen oder sogar zwicken.

Unklare Zielsetzungen und Rangordnungsverhältnisse

Des Weiteren regen sich viele Hunde fürchterlich auf, wenn ein anderer Hund über den Parcours rennen darf, während sie selbst in ihrer Bewegungsfreiheit eingeschränkt sind. Häufig sind die Zielsetzungen von Mensch und Hund zu konträr.

Ursächlich für all diese Probleme ist ein gestörtes Rangordnungsverhältnis. Wichtig ist also auch bei diesem Hundesport, eine klare Rangordnung als Ausgangsbasis zu haben und vor allem ein gemeinsames Ziel mit dem Hund anzustreben. Diese Probleme gibt es natürlich nicht nur beim Agility, sondern auch bei vielen anderen Hundesportarten. Hier passt Natural Dogmanship® sehr gut.

Gemeinsame Ziele setzen und erreichen

Es wäre doch schade, wenn man die Vorteile von Agility nicht in eine weitere Festigung der Beziehung mit dem Hund einbauen könnte. Man sollte Agility vor allem als gemeinsame Jagd sehen, bei der man, um zum endgültigen Ziel zu kommen, erst gefährliche oder schwierige Hindernisse überwinden muss. Diese Hindernisse muss man als Team bewältigen. Wenn man das schafft und auch noch gemeinsam Beute macht, verstärkt man den Teamgeist ungemein. Wenn während der Aufbauphase von neuen Übungen für den Hund ungewohnte Situationen und Hindernisse über die Zusammenarbeit mit Ihnen zu vertrauten Situationen werden, bauen Sie gleichzeitig weiter Vertrauen auf.

Was Sie im vorherigen Kapitel gelernt haben, können Sie bei Agility richtig gut einsetzen, z.B. das Voranschicken, das Dirigieren nach links und rechts, das Signal „Leine" oder das Halbe-Wege Down. Der ganze Aufbau von Distanzkontrolle ist unumgänglich.

Gerda führt Lisette kontrolliert über die Wippe.

Beispiel Wippe *Bei dem Hindernis Wippe ist es wichtig, dass der Hund sowohl die Kontaktzonen vorne als auch am Ende des Hindernisses berührt. Um dem vorzubeugen, dass der Hund frühzeitig abspringt, wird anfangs am Ende der Wippe (dort, wo die Wippe aufkommen wird) ein Preydummy auf dem Boden abgelegt. Für die weitere Kontrolle auf dem Hindernis können Sie z.B. Ihren Hund direkt hinter dem Kipp-Punkt in die Sitz-Position oder kurz vor Ende des Hindernisses in die Down-Position bringen. Wenn der Hund am Ende der Wippe angelangt ist, werfen Sie den Preydummy in verlängerter Linie zur Wippe weiter und lassen Ihren Hund diesen apportieren.*
Hiermit verlängern Sie imaginär dieses Hindernis, und Agility wird zu einer kontrollierten Jagd.

Früh übt sich …

Selbst mit Welpen können Sie früh anfangen, unterschiedlichste Hindernisse und Geräte alters- und entwicklungsgemäß auf positive Weise kennen zu lernen. Hierbei können Sie z.B. bei einem Flyball-Gerät anstelle eines Balls, den Ihr Hund eventuell verschlucken könnte, einen Preydummy benutzen. Aber bitte lassen Sie Ihren Hund nicht ohne Jagderfolg über den Parcours gehen!

Rettungshundearbeit

Rettungshundearbeit ist die wahre Teamarbeit, bei der der Jagderfolg ganz besonders auch das Ziel des Menschen ist. Die gesuchte Beute ist in diesem Fall natürlich das Opfer. Die Zusammenarbeit erfordert eine optimale Kommunikation zwischen Mensch und Hund mit großem Vertrauen zueinander. Der Hund muss ein starkes Bedürfnis haben, gemeinsam mit seinem Menschen zu jagen, weil er jetzt auch dort suchen soll, wo der Mensch nicht mehr in seiner Nähe sein kann. Der Hund muss ein ausgezeichnetes Körpergefühl entwickeln und eine sehr gute Nase haben, da dies die Grundvoraussetzungen dafür sind, z.B. in einem unwegsamen Trümmerhaufen aus allen vorhandenen Gerüchen nur den Geruch von Menschen selektieren zu können.

Fährten ist tabu

Fährtenarbeit ist für Rettungshunde eigentlich tabu, da der Hund bei seiner Aufgabe immer den direkten Geruch der Opfer suchen muss, nicht deren Spur. Im schlimmsten Fall kann es passieren, dass bei Flächensuchen ein Opfer hätte gerettet werden können, wenn der Hund ausschließlich nach dem direkten Geruch gesucht und nicht die mögliche Fährte abgelaufen wäre. Denn das dauert im Notfall zu lange.

Übungen für Rettungshunde

Einige bereits erwähnte Übungen sind beim Training von Rettungs-
hunden gut umzusetzen. Ich denke dabei an das „Such verloren" mittels
Revieren (links und rechts suchen) und das „Voran"-Schicken. Idealer-
weise beginnt das Rettungshundetraining schon im Welpenalter. Man
kann dafür z.B. kleinere Suchübungen machen oder mit unterschiedlichsten Hindernissen das Körpergefühl fördern. Agility ist allerdings nicht
optimal zu kombinieren, weil es für einen Rettungshund lebensrettend
sein kann, alle Hindernisse erst ganz vorsichtig mit den Vorderpfoten
abzutasten, bevor er darüberspringt. Er soll vor dem Sprung herausfin-
den, wie es auf der anderen Seite des Hindernisses aussieht. Sonst
könnte dies sein letzter Sprung gewesen sein.

Vielfältige Anforderungen

Übungen wie Leiter hoch- und herunter klettern, sich abseilen lassen
oder durch Rohre gehen müssen bewältigt werden. Das Selektieren von
Gerüchen ist eine wichtige Übung, weil es in Trümmergeländen unendlich viele Ablenkungsgerüche gibt (denken Sie z.B. nur an Kühlschränke
samt Inhalt, Aquarien mit Fischgeruch, Hundefutter etc.). Der Hund
muss außerdem schussfest sein, weil es auch Explosionen geben kann.
Viele Hunde riechen den Geruch von Gas. Da sie eine Abneigung gegen
den Gasgeruch haben, stört dies die Wahrnehmung von anderen Gerüchen. Glücklicherweise zeigen sie dies auch in ihrem Verhalten, so dass
dann die notwendigen Maßnahmen getroffen werden können, bevor
die Suche weiter fortgesetzt wird.

Arbeit am und im Wasser

Außerdem gibt es ganz spezielle Rettungshunde, die im Wasser eingesetzt werden, um z.B. eine Person an Land zu ziehen oder aber auch
vermisste Personen über ihren Geruch unter dem Wasserspiegel zu
lokalisieren und anzuzeigen.

Die Jagd mit zwei Hunden
gleichzeitig verlangt auch
vom Mensch volle Konzen-
tration.

Servicehundeausbildung

Servicehunde sind Hunde, die speziell für Menschen mit körperlichen Beeinträchtigungen ausgebildet werden, um für diese eine oder mehrere Funktionen zu erfüllen. Für diese Aufgabe wählt man anhand von zwei unterschiedlichen Welpentests geeignete Welpen aus.

Lea bei der Ausbildung zum Servicehund. Sie lernt schnell, dass sie die Schublade nicht mit der Pfote öffnen kann (1–2). Der Preydummy in der Schublade ist ihre Belohnung (3–4).

Welpentests

Der erste Test ist der so genannte Biotonustest. Dieser Test wurde von Eberhard Trumler zur Einschätzung von neugeborenen Welpen entwickelt. Ich habe diesen Test weiterentwickelt und andere Bereiche miteinbezogen. Sowohl die Unterschiede in der Bewegungsintensität (Suchverhalten), Geräuschpegel, Saugreflex als auch das Schmerzempfinden geben Auskunft über die Veranlagung der Welpen.

Der zweite Wesenstest (6-Wochentest nach Jan Nijboer) findet im Alter von sechs Wochen statt. Dieser Test ist eine Ableitung des Campbell-Tests und verschafft ein Bild über Veranlagung und Prägung jedes einzelnen Welpen.

Blindenführhunde

Die bekanntesten Servicehunde sind Blindenführhunde. Sie führen einen Menschen mit einer Sehbehinderung sicher durch den Straßenverkehr. Es gibt leider viele Missstände im Bereich der Ausbildung von Führhunden. Noch immer werden altmodische, zum Teil spartanische Formen der Dressur gewählt, um Hunde, die bisher ein anderes Leben gewohnt waren, „umzubiegen" oder sogar zu brechen, damit sie aus reinem Selbstschutz ihre Arbeit tun.

Blindenführhundeausbildung mit Natural Dogmanship®

Leider ist Servicehundeausbildung nach Natural Dogmanship® noch nicht gang und gäbe. Lernt der Hund das Führen mit meiner Philosophie, dann sieht er das Führen im Straßenverkehr als eine große Jagdpartie. Hier gibt es unterschiedlichste Hindernisse, die man auf die richtige Weise bewältigen muss, um ans Endziel - die Beute - heranzukommen. Auch das Anzeigen von Briefkästen, Schaltern (Postamt, Bahnhof, etc.) oder Türen wird Teil der Jagd.

Auch Führhunde sollte man wie Rettungshunde schon im Welpenalter auf ihre spätere Aufgabe vorbereiten und nicht erst nach einem Jahr oder sogar noch später mit der Ausbildung beginnen. Dies setzen allerdings die wenigsten um, weil damit ein zu großes finanzielles Risiko verbunden ist.

L.P.F.-Hunde (Lebens-Praktische Fertigkeiten)

Die weniger bekannte Form von Servicehunden ist der L.P.F.-Hund. Dieser Hund wird für Menschen mit körperlichen Behinderungen ausgebildet. Solche Servicehunde öffnen wortwörtlich Türen für ihren Besitzer, bedienen Lichtschalter, helfen beim Ausziehen, können falls notwendig Hilfe holen oder einen Alarmknopf bedienen, bringen die Fernbedienung, oder das Telefon, geben der Kassiererin im Geschäft das Portemonnaie, betätigen den Aufzug oder den Knopf einer Fußgängerampel etc.

Das Phänomen L.P.F.-Hund (auf Englisch A.D.L. - dog) ist in den 70-er Jahren nach dem Vietnamkrieg entstanden. Für viele kriegsverletzte Vietnamveteranen waren diese Hunde eine große Hilfe. Eine Psychologin namens Bonnie Bergin gründete in Amerika C.C.I. (Canine Compagnions for Independence) und entwickelte ein spezielles Trainingsprogramm. In den 80-er Jahren wurde dann dieses Trainingsprogramm zuerst in Holland und später auch auch im übrigen Europa eingeführt.

Meine Erfahrungen mit SOHO und SAM in Holland

Da ich in Holland sowohl Hundetrainer als auch Abteilungsleiter in einem Heim für Behinderte war, hatte ich das Glück, von Anfang an am Aufbau der Organisation Soho (Sociale honden) mithelfen zu können, die 1984 gegründet wurde. Dort habe ich vor allem Signalhunde und L.P.F.-Hunde ausgebildet. Später habe ich meine Kenntnisse und neue Formen der Ausbildung von Servicehunden an zukünftige Servicehundetrainer in der Organisation SAM (Servicehonden voor Auditiv en/of Motorisch gehandicapten) weitergeben können. Da habe ich speziell für Menschen mit einer doppelten Behinderung (z.B. blinde Menschen im Rollstuhl) Dual purpose-Hunde ausgebildet. Momentan organisiere ich auch in Deutschland Fachseminare für Servicehundetrainer unter Anwendung von Natural Dogmanship®.

Servicehundeausbildung mit Natural Dogmanship®

Dies bedeutet, dass Hunde vom Welpenalter an auf ihre spätere Alltagsexistenz vorbereitet werden und ihre natürliche Veranlagung hierfür die Grundlage darstellt. So haben diese Hunde mehr Spaß und weniger Stress bei ihrer Arbeit. Weniger Stress bedeutet gesünder leben. Gesünder leben bedeutet länger optimal Aufgaben erfüllen können. Hunde, die auf diese Weise ihre Aufgaben erfüllen dürfen, haben häufig ein besseres Leben als Hunde, die sich den ganzen Tag auf dem Sofa langweilen müssen.

Der Servicehund muss für eine Person ganz individuell ausgewählt und ausgebildet werden. Servicehunde mittels eines Standardprogramms „auf Lager" zu haben ist längst überholt. Es gibt nämlich keinen nach Standard ausgebildeten Hund für einen Standardmenschen mit einer Standardbehinderung!

Signalhunde

Auch die Signalhunde für gehörlose Menschen haben wir in Holland ab 1984 ausgebildet. Diese Hunde zeigen tauben Menschen Geräusche wie z.B. Türklingel, Wecker, Mikrowelle, Weinen des Babys, Autos von hinten

Hannelore bringt Lea das Schuhe ausziehen bei. Wieder ist der Preydummy der Lohn für eine erfolgreich gelöste Aufgabe.

im Straßenverkehr, Sirenen oder Feueralarm, den Namen des Besitzers, Texttelefon etc. an. Außerdem zeigt der Hund seiner Bezugsperson an, wenn sie Gegenstände verloren hat, und apportiert diese. Diese Art von Servicehund ist in Holland schon ziemlich „normal", in Deutschland allerdings noch relativ unbekannt. Signalhunde werden generell auf Handsignale trainiert. Bei der Ausbildung nach Natural Dogmanship® bedeutet dies später für den Hund, dass die Jagd jeden Moment des Tages anfangen kann.

Epilepsiehunde

Nachdem wir etliche Jahre Servicehunde ausgebildet hatten, kam eine Anfrage nach einem Epilepsiehund. Dies ist ein Hund, der die ersten, für den Menschen noch nicht wahrnehmbaren Anzeichen eines kommenden epileptischen Anfalls anzeigen soll. Die Anfrage kam von einem Ehepaar, bei dem beide Partner an Epilepsie litten. Nach vielen Besprechungen mit dem Tierarzt und dem Neurologen sind wir das Experiment eingegangen. Und siehe da, es war erfolgreich. Lesen Sie also nun das Beispiel von Athos.

Das Beispiel von Athos *Der Golden Retriever-Rüde Athos signalisiert jetzt beiden Besitzern sich anbahnende Anfälle, damit die betroffene Person sich noch rechtzeitig sicher hinsetzen oder -legen kann. Er holt Hilfe oder betätigt einen Alarmknopf, wenn mehrere Anfälle nacheinander kommen. Er lässt auch Hilfspersonen ins Haus hinein, indem er den Schlüssel durch den Türschlitz reicht. Außerdem gibt er körperliche Unterstützung, wenn nach einem Anfall durch motorische Störungen die Körperbalance nicht optimal ist. In Phasen von Desorientierung nach einem Anfall führt er die Person immer zurück zum Ausgangspunkt (entweder zur Arbeitsstelle oder nach Hause). Indem er Schuhe und Socken auszieht und dem Patienten die Füße leckt, versucht er, diesen nach einem Anfall wieder zu Bewusstsein zu bringen.*

Natural Dogmanship® – logisch und daher einfach

Lernen Sie umzudenken

Natural Dogmanship® ist natürlich und daher (bio-)logisch. So logisch wie das Leben, so hart wie die Natur. Geben Sie also Ihrem Hund das Gefühl, dass er lebt.

Natural Dogmanship® ist keine Methode, um seinen Hund funktionieren zu lassen. Es ist eine Möglichkeit, durch einen etwas natürlicheren Umgang eine verständlichere Erziehung vorzunehmen, um somit eine bessere Beziehung aufbauen zu können. Natural Dogmanship® bringt wieder zusammen, was wir Menschen kulturbedingt voneinander getrennt haben: Jagen und Essen. Mit diesem Ziel haben Mensch und Hund auch ihre Beziehung angefangen. Ihr Hund lernt durch Sie, wie er in unserem Gesellschaftsdschungel überleben kann. Hierzu ist es allerdings notwendig, dass wir Menschen unsere kulturell bedingt verkorkste Betrachtungsweise bezüglich der Hunde revidieren. Sehr viele meiner Kunden haben mir gesagt: „Dein Hundezentrum sollte eigentlich Hundezentrum zerschmetterte Träume heißen." Ein großes Problem ist es nämlich, dass Menschen sich trennen müssen von ihrer „Idee fixe" bezüglich ihres Hundes. Man muss aber bedenken, dass man eine sehr wertvolle Beziehung dafür zurückbekommt. Wieder etwas mehr eine Symbiose zwischen Mensch und Hund. Denn Natural Dogmanship® ist eine Philosophie des Zusammenlebens mit Hunden. Hoffentlich schaffen auch Sie es umzudenken, denn dort liegt der Hund begraben!

In diesem Sinne: Zurück zur Natur! Viel Erfolg bei der Jagd!

Zum Weiterlesen

Aldington, Eric: **Von der Seele
des Hundes**, Gollwitzer, 1998

Becvar, Dr. Wolfang:
Naturheilkunde für Hunde
Kosmos Verlag, 1994

Birr, Ursula, Gerald Krakauer
und Daniel Osiander:
Abenteuer Hund, Vgs, 2000

Bloch, Günther:
Der Wolf im Hundepelz
Westkreuz-Verlag, 1997

Donaldson, Jean:
Hunde sind anders
Kosmos Verlag, 2001

Feddersen-Petersen,
Dr. Dorit und Frauke Ohl:
**Ausdrucksverhalten
beim Hund**
Enke Verlag 1995

Feddersen-Petersen, Dr. Dorit:
Hunde und ihre Menschen
Kosmos Verlag, 2001

Feddersen-Petersen, Dr. Dorit:
Hundepsychologie
Kosmos Verlag, 1986

Hertrich, Hans G.: **Hundespaß
Agility**, Kosmos Verlag, 1998

Immelmann, Klaus:
**Einführung in die Verhaltens-
forschung**
Parey bei Blackwell, 1996

Krämer, Eva-Maria:
Kosmos Hundeführer
Kosmos Verlag, 2002

Lorenz, Konrad:
Das sogenannte Böse
dtv, 1993
**So kam der Mensch
auf den Hund**
dtv, 1989

Mech, David L.:
Der weiße Wolf
Frederking und Thaler, 1998

Pryor, Karen:
**Positiv bestärken,
sanft erziehen**
Kosmos Verlag, 1999

Rakow, Dr. Barbara:
**Der homöopathische
Hundedoktor**
Kosmos Verlag, 1999

Schöning, Dr. Barbara:
Hundeverhalten
Kosmos Verlag, 2001

Trumler Eberhard:
Das Jahr des Hundes
Kynos Verlag, 1984
Der schwierige Hund
Kynos Verlag, 1986
Ein Hund wird geboren
Kynos Verlag, 1992
Hunde ernst genommen
Piper Verlag, 2000
Mensch und Hund
Piper Verlag, 2000
Mit dem Hund auf Du
Kynos-Verlag, 1971
**Trumlers Ratgeber
für den Hundefreund**
Piper Verlag, 1998

Trumler Erika und andere:
**Von Hunden und Pferden,
Leben und Wirken
von Eberhard Trumler**
Kynos Verlag, 2001

Zimen, Erik: **Der Hund**
Goldmann-Verlag, 1998

Nützliche Adressen

Hundezentrum MundH
Natural Dogmanship®Zentrale
Eisenbergstr. 32
51570 Windeck-Öttershagen
Tel.: 02292-5385
Fax.: 02292-9599021
info@natural-dogmanship.de
www.natural-dogmanship.de

Hier können Sie auch die
Preydummies in zwei Größen
bestellen.

**Gesellschaft für
Haustierforschung e.V.**
Eberhard-Trumler-Station
Wolfswinkel 1
57587 Birken-Honigessen
www.wolfswinkel.de

**Verband für das deutsche
Hundewesen e.V.** (VdH)
Westfalendamm 174
44141 Dortmund
Tel.: 0231/56500-00

WWF
Rebstöcker 23
60326 Frankfurt am Main
www.wwf.de

TASSO
Haustierzentralregister
für die BRD e.V.
Frankfurter Str. 20
65795 Hattersheim

Kynologos AG
Bezugsquelle für „Wolfsburg"
Habersaat
CH-8914 Aeugstertal
Tel. +41-17761187

Hundevermittlung
www.hundevermittlung-
online.de

Register

Umschlaggestaltung von eStudio Calamar unter Verwendung von acht Farbfotos von Christof Salata / Kosmos.

Mit 397 Farbfotos und 15 Illustrationen

Die Deutsche Bibliothek - CIP-Einheitsaufnahme
Ein Titelsatz für diese Publikation ist bei der Deutschen Bibliothek erhältlich

Informationen senden wir Ihnen gerne zu

Bücher · Kalender · Spiele · Experimentierkästen · CDs · Videos ·
Natur · Garten & Zimmerpflanzen · Heimtiere · Pferde & Reiten · Astronomie ·
Angeln & Jagd · Eisenbahn & Nutzfahrzeuge · Kinder & Jugend

KOSMOS Postfach 10 60 11
D-70049 Stuttgart
TELEFON +49 (0)711-2191-0
FAX +49 (0)711-2191-422
WEB www.kosmos.de
E-MAIL info@kosmos.de

Gedruckt auf chlorfrei gebleichtem Papier

© 2002, Franckh-Kosmos Verlags-GmbH & Co. Stuttgart
Alle Rechte Vorbehalten
ISBN 3-440-09021-3
Redaktion: Claudia Sträb
Gestaltungskonzept: eStudio Calamar
Gestaltung und Satz: eStudio Calamar
Produktion: Kirsten Raue, Markus Schärtlein
Printed in Czech Republic / Imprimé en République tchèque
Druck und Binden: Graspo CZ, a.s.

Bildnachweis
Fotos von Karlheinz Widmann: S. 9 beide, 10 alle vier; Thomas Höller:
S. 16, 17 beide; Heike Erdmann: S. 42 alle drei, 47 oben, 49;
Marc Rühl: S. 45, 47 unten; Sven-Olaf Stange: S. 120 alle drei.
Alle weiteren 372 Fotos von Christof Salata / Kosmos, die zum Großteil eigens für dieses Buch aufgenommen wurden.
Illustrationen von Angelique van Voorst.